悅讀中國

風雲湖北

李開壽、唐昌華　主編

序

　　花了一個星期的時間，讀完這套《荊楚風‧湖北旅遊叢書》，全書共有《風光湖北》《風雲湖北》《風味湖北》《風尚湖北》四冊。

　　讀完四冊，第一個感慨是編撰者下了大功夫、苦功夫。循常例，比類分的編撰是比較容易完成的。只要藉助一些工具書，從網上下載一些資料，稍加整理即可成冊。但是，這套書的寫作者卻是不肯當「文抄公」，而是認真研究古籍，整理掌故，踏勘山水，比較名勝。力爭做到心中有像，呈現雲霧之錦；筆下生花，不留遺珠之憾。我想，編撰者的初衷，是想寫一套介紹湖北旅遊資源的工具書。但是，在討論體例、寫作規模的時候，一次一次地昇華自己的想法，提高編撰的標準，最終形成現在這套書高雅的品位和質量。

　　用風光、風雲、風味、風尚四個大家耳熟能詳的詞彙，來描繪湖北的山川地貌、人文歷史、風土人情、現代時尚，也體現了編撰者的匠心。作為地地道道的湖北人，書中所介紹的名勝古蹟，我大都探訪過；所描摹的歷史人物，我也景仰心儀；至於江湖城郭、樓臺寺觀，甚至草木花卉、歲時風土，我也生活其中，大都熟悉。細細讀來，感到編撰者的彩筆融進了真摯的愛、濃郁的情；飽含了對家鄉的熱愛、對荊山楚水江漢大地的深情。這套書不僅對旅遊者有著強大的吸引力，亦可作為鄉

土教材，喚起遊子們的鄉愁，加深他們對家鄉的印象。

　　感謝省旅遊委完成了這套書的編撰及出版，作為湖北的一項文化惠民工程，功莫大焉！相信這套叢書問世之後，一定會得到旅遊者、讀者的喜愛，也一定會得到多方面人士的評價及檢驗。集思廣益，集腋成裘，我相信這套書還會不斷昇華提高，推出修訂版、升級版。

　　是為序。

熊召政

2018 年 3 月 26 日於龍潭書院

目錄

02 章 名人

03章 勝跡

風雲湖北 賦

劉友凡

　　荊楚居華夏之中，稱九州通衢。山川靈秀，共美華夏；兒女忠義，競寫青史；風雲激揚，蕩古滌今。

　　洪荒開犁，肇矇混沌耕先河。厲山炎帝，始創農耕，開民食之源，正民望之德。西陵嫘祖，教民養蠶，以供衣被。江陵墓藏，攬先秦絲織，地下絲綢寶藏。屈家嶺陶紋，石家河龍鳳，雕刻華夏圖騰。銅綠山古礦，爐火映紅古今。楚漆襄樣，天下取法。曾侯乙編鐘，春秋樂音絕響。高山流水，伯牙毀琴祭知音。鬻熊尊上古遺訓，子事文王。孔子適楚，詩記周南二召。屈子獨醒，《楚辭》啼血千古。武當道教聖地，四祖五祖釋佛，陸羽茶經十論，東坡豪放詞宗，畢昇膠泥鑄字，時珍本草綱目，四光地質力學，光亞兩彈元勛，國器連藩，星耀環宇。

　　篳路藍縷，逐鹿中興鼎春秋。楚之祖封於周，子男五十里。熊繹辟楚，成王興楚，莊王強楚，數代累功，舉文武勤勞，融華夏血脈。懷王衰楚，襄王敗楚，皆重群小，放逐干城，楚廈自傾，一觸即潰。端午吊忠魂，萬世祭屈子。棗陽劉秀，復高祖之業，創光武中興，鑄文景之治。臥龍躬耕襄陽，三顧茅廬傳千古，三分天下隆中對。赤壁鏖兵立三國，關羽大意失荊州。明繼元起，功於元璋，逢九宮高僧，授民生大計，「高築牆、廣積糧、緩稱王」，立大明盛世。江陵居正，考績裁冗，推一條鞭法，開萬曆新政。崇禎自潤官府，塗炭生靈，天下糜爛，血詔

自裁。大順之勢，創於自成，十六載艱辛，兩個月全勝，四十天轉敗。九宮山遇難，大順朝告終。《甲申三百年祭》，郭沫若論說民心。總督張之洞，創辦新學，編練新軍，湖北新政領晚清。辛亥首義，掃除千年帝制，開啟復興閘門。華夏新生，聖火映天，肇自首義，功成開場。

中國誕生共產黨，開天闢地大事變。一大代表十三位，鄂籍代表有五席。北伐鐵軍，武昌城頭奏凱歌。銅鑼震天，黃麻起義建紅軍。先遣北上，徐海東奠基陝北迎會師。抗日救亡，李先念八載浴血挺江漢。中原突圍，戰略轉移破鐵壁。經略三軍，劉鄧軍千里躍進掀大幕。英烈捐軀，來者繼起，挺民族之軀，謀百姓之福。

興水減災，圓夢偉業寫新篇。萬里長江，險在荊江，安瀾佑民，千代追夢。大禹疏川導滯，叔敖宣導川谷，桓溫始建金堤。兩宋拓堤有記。明季堤立萬城。孫中山首倡閘堰三峽，毛澤東揮手，截斷巫峽雲雨。石壁立西江，平湖出高峽，除長江之險，免心腹之患。中線調水，長河二千五百里，增中華生機，添民族活力。長江興水，荊楚三百萬生民，別祖墳辟新居。中國福祉，世界奇蹟。

嗚呼！滾滾長江，悠悠春秋。荊楚兒女，代代弄潮，成亦耀星，敗亦留痕。興衰豈無憑，得失亦有故，修身有定理，家國存至道。是故，強信仰之基，立宏遠之志，累堅韌之功，創千秋之業。唯楚有才，鑑者如斯。

二〇一八年三月於東湖

大事

01 章

湖北處長江之中游，居華中之腹地，物華天寶，人傑地靈。

荊楚大地，每每發出歷史的最強音。

這裡是楚文化的發祥地。先秦時期，楚國人篳路藍縷，縱橫八百年，成就古代東方大國。

這裡是歷代英豪的聚集地。秦漢以後，王朝更替，興廢鼎革。綠林好漢、三國群英……荊楚大地風雲際會。

這裡是近現代革命的策源地。從武昌起義，到「八七」會議、黃麻起義……荊楚大地春潮澎湃，事事敢為天下先。

以銅為鏡能正衣冠，以史為鏡方知興替。

踏上湖北精彩之旅，荊楚歷史大事值得我們去追尋探究！

第一節 · 楚國八百年

周朝時，南遷的華夏族在荊山之地建立了楚國。在浩瀚的歷史長河中，楚國先人用自己的勤勞與智慧創造出了燦爛的楚文化，一度成為春秋霸主。楚國經形成、發展與衰退三個階段，歷八百年。

熊繹受封

相傳，楚人的先祖是火神祝融。楚國在發展中受到商朝的征伐，力量大大削弱，不得不臣服於商朝。商朝末年，楚國首領鬻熊找到了向商朝復仇的機會。他發現商朝的西方屬國周在首領姬昌（即周文王）的領導下不斷強大，於是投奔姬昌。相傳鬻熊擁有從祖先那裡世代相傳的夜觀天象的本領，因此姬昌將火師的重擔委任於他。其後，鬻熊在武王伐紂過程中作出了突出貢獻，鬻熊因而更加受到楚人尊敬。然而，周武王一舉推翻商朝後，分封名單上並沒有出現楚人。

直至周成王時期，楚人終於開始活躍於歷史舞台。史書記載，周成王與他的叔父周公旦發生了誤會，周公旦南下避禍於楚，楚人首領熊繹待之以上賓之禮。後來周公旦與成王和解，重理朝政。為了報答熊繹，周公旦建議周成王對熊繹予以封賞。周成王回顧祖先的創業史，出於感激，欣然授予楚人首領熊繹「子男」封號，並將楚人當時已占據的土地作為俸祿食田正式賞賜給熊繹，命其以丹陽（今湖北南漳縣城附近）為國都。儘管只被封以諸侯之中最低一等的爵位，賞賜的土地也只有五十里，但這是楚國得到周王室正式承認的標誌，這一天被楚人視為建國之日。

楚在受封立國之初，名雖為國，實則還是一個部落聯盟，而且地處荊山，地僻民貧，因此地位卑微。當時，在熊繹的帶領下，楚國人在荊山深處的叢林中，開墾荒山，辛勤耕作，度過了一段自力更生、艱苦奮鬥的激情歲月。《左傳》記載了楚靈王右尹子革對這段歷史的回憶：「昔我先王熊繹，辟在荊山，篳路藍縷，以處草莽。跋涉山林，以事天子。」從此，「篳路藍縷」成為常用的成語，藉以形容艱苦奮鬥、自強不息的創業精神。也正是因這「篳路藍縷」的精神融入了幾代楚人的血脈，楚國得以由小到大、由弱至強，最終創造了八百年的輝煌。

楚王熊繹像

熊渠拓疆

熊渠是熊繹的後代，他是一位既有才幹又極富開拓精神的國君。

相傳，熊渠膽略非凡、勇力過人，尤其擅長射箭。漢代《韓詩外傳》記載，一天夜裡，熊渠與衛士騎馬外出，隱約發現路邊草叢裡蹲著一隻猛虎，好像要向他撲來。熊渠立即彎弓搭箭，射向老虎。奇怪的是老虎仍然紋絲不動。衛士走近一看，原來臥著的不是老虎，而是一塊巨石，但是熊渠的那支箭竟然已深深地插入石頭裡了。

熊渠之所以被視為傳奇人物，事蹟廣為傳頌，是因為他能用兵，會治國。在他的領導下，楚國轉弱為強。當時，周夷王在位，朝政失修，國勢不振，有的諸侯國開始不再朝貢，或者相互攻伐，周天子對此無能為力。此時，南方的楚國在熊渠的治理下發展迅速，周圍的蠻夷部族陸續歸附，楚國很快就壯大起來。周王朝的衰敗，為熊渠實現他開疆拓土的理想創造了絕好的時機。

當時在楚國的周圍分布著許多小國，它們環繞著楚國，如貿然開戰，就會引起數國的聯合，楚國必然寡不敵眾。怎樣才能避免小國聯合反擊呢？熊渠想到了一個策略，就是近交遠攻。於是楚國與鄰近的許多國家建立起親密的外交同盟，而將開疆拓地的矛頭指向稍遠的眾多小國。

首先進行的是西征庸國。庸國的國都是上庸（今湖北省竹山縣西南），位於楚國西陲的大後方。通過精密的謀劃，熊渠帶領精兵出現在庸國境內，速戰速決，打得庸人措手不及。伐庸之戰是對庸國的警告，使得庸人再也不敢趁楚國對外用兵之機進行騷擾，解除了楚國的後顧之憂。

隨後進行的是東征揚越。揚越是古時百越族的一支，在今湖北中部的江漢平原一帶。熊渠沿漢江揮師而下，所向披靡，勢不可當，一舉到達了今當陽、江陵、荊門一帶，最後幾乎占據了整個廣闊的江漢平原。

　　最後進行的是遠征鄂國。鄂國位於湖北東部，都城設在今鄂州市。鄂國富產銅礦，而銅是先秦時期最重要的戰略物資，為兵家所必爭。鄂國一度與周王室關係密切，據青銅器銘文記載，周王室南征，鄂侯馭方獻禮並宴請周王，周王賞賜給鄂侯馭方財物、弓矢、馬匹。但在周王室日益走向沒落的同時，鄂國在陸續的對外戰爭中逐漸強盛起來，並最終和周王室反目，帶領南淮夷和東夷舉兵反叛周王室。熊渠早已對鄂國豐富的銅礦資源豔羨不已，當他知道周王室的軍隊正在攻打鄂國時，他立即就有了一個大膽的想法，即揮師遠征，趁火打劫。他的理由還很充分：盡臣子的本分，助周王室一臂之力。當楚軍抵達鄂國時，鄂國的軍隊已經被周王室的軍隊擊潰，哪裡抵擋得住楚國虎狼之師？熊渠很快蕩平鄂國，並獲得其豐富的銅礦資源。

　　征服鄂國是熊渠對楚國發展作出的重大貢獻之一，不僅為走出荊山拓展了空間，而且為整合長江流域各族進而形成一個強大的楚國做了最初的嘗試。更重要的是儲備了重要的戰爭物資，引入了銅的冶煉及鑄造技術，加強了東西文化的交流，對楚文化的發展產生了深遠的影響。

　　取得三場戰役的勝利之後，楚國實力迅速增強，熊渠不再滿足從屬於周王室的地位，他想學西周王室，主宰已經被自己強勢控制的地區。於是，豪情萬丈、霸氣橫生的熊渠，公開地打出了與周王室分庭抗禮的旗號。

按照當時的禮制，唯有周天子才能稱「王」。楚人先祖熊繹在周初受封時只獲得了地位不高的「子男」封號，熊渠對此早就不滿，現在終於可以揚眉吐氣了。於是，他將三個兒子全都分封為王，讓他們分別鎮守長江中游的三處要地。

周夷王死後，繼承王位的周厲王以暴政而聞名，敏銳的熊渠擔心受到周朝的征伐，便主動撤銷了分封令。

儘管迫於周王朝的壓力，熊渠收回成命，但楚人的始舉，在當時實在是一個驚人的信號。

熊通自立為王

熊通即楚武王，他是一位深孚眾望的鐵腕人物，也是一個雄心勃勃的蓋世梟雄。他具有文韜武略，東征西討，善於治國，給楚國留下了安寧的發展環境和一套初具規模的國家機器，楚國由此而更加強盛。

西元前七四一年，楚厲王去世，熊通發動政變，殺死了楚厲王的兒

東湖風景區內熊通與夫人鄧曼雕像

子，自立為楚國國君。熊通以下犯上、弒君自立是大逆不道的。但從歷史發展的角度來看，這場宮廷政變改寫了楚國的歷史。

熊通繼位後，採取近交遠攻的策略，先後與鄧、盧兩國議親，娶鄧女為正夫人，娶盧女為

側夫人，與兩國締結盟約。即位不到三年，熊通便揮師渡漢，遠征南陽，攻打周朝設在漢北的重鎮，但沒有得手。於是，他轉而攻打江漢平原西部並滅掉了權國。權國在今湖北當陽市東南，國土不廣但國力卻不弱。楚國從熊渠至熊坎都未能滅掉它，最後熊通實現了先君的心願。

值得注意的不是熊通伐權的用兵方略，而是他滅權以後的決策。熊通滅權後，並沒有沿用舊制，將權國封給自己的子孫，而是將權國故地改設為權縣，作為楚國直接掌控的一級地方行政機構，其最高行政長官也不再實行世襲制度。他任命斗緡為權縣首任縣尹，但不久斗緡與權國的貴族遺民串通反叛。隨後，熊通果斷發兵包圍權縣，捕殺斗緡，並將權國遺民遷走。此後，楚人每滅一國，便把該國的貴族遺民遷到楚國的後方，嚴加監管，對該國的故地則設縣統治，並委派楚國的公子王孫擔任縣公或縣尹作為行政長官。

縣的創制，以地域政治取代血緣政治，加強了君主專制和中央集權，削弱了世襲貴族的勢力，推動了國家的強大和民族的融合，是一種符合歷史潮流的進步現象。這一做法大大鞏固了楚國在江漢間的統治地位。

此後二十多年，熊通一方面利用楚國與周邊國家和睦相處的有利形勢，勵精圖治、增強實力；另一方面積極謹慎地向周圍開拓，先後滅掉了州、蓼等國，並大力開闢南蠻之地，使國力大為增強。

西元前七〇五年，楚國已擴地千里，在諸侯中占有舉足輕重的地位。這年，熊通將進攻的矛頭指向了漢東第一大國——隨國。隨國又稱曾國，都城在今湖北隨州市，擁有豐富的銅礦資源，是兩週之際長江中游銅器鑄造水平最高的一個諸侯國。

熊通清楚地知道楚國要稱雄於南方，必須擊敗隨國不可，但他攻打隨國還有更深層次的用意。熊通認為，周王室當年分封給楚國的爵位太過卑微，根本不能與楚國眼下的實力相配，他迫切希望周王室「尊其號」，提高楚君爵位，進而提高他在諸侯中的地位。

經過謀劃，他決定利用隨國君王與周王室同為姬姓的特殊關係，通過武力威脅逼迫隨國君王到周王室那裡去說情，請求周天子為他晉陞爵位。

西元前七〇六年，隨國糧食歉收，隨人缺衣少食，熊通抓住這個機會，發動了蓄謀已久的對隨戰爭。他親自統率楚國精銳的車兵和步兵攻打隨國。當楚國大軍行進到離隨都不遠處時，熊通命令部隊暫時駐紮下來，命其侄兒熊章入隨都見隨侯，逼迫隨侯求和。隨侯迫於楚國軍事壓力，命謀士少師隨熊章到楚師駐地和談。和談中，熊通要求隨國替楚國去要挾周天子，並說：「今諸侯皆為叛相侵，或相殺。我有敝甲，欲以觀中國之政，請王室尊吾號。」

隨侯被迫向周天子進言，然而請求遭到周天子的拒絕。隨侯返國後，派使者前往楚國，當熊通聽到自己的要求沒有得到周天子的同意後，他大怒道：「自楚立國以來，南方蠻夷無不歸服，功勞這樣顯著，周天子卻不給我加封，那我就自封為王！」

熊通自立為楚王，史稱楚武王，公然與周王分庭抗禮。熊通此舉開諸侯僭號稱王之先河，而征伐大權早已旁落的周天子卻別無辦法，各諸侯國也是無可奈何，只能是望「楚」興嘆。

稱王後不久，熊通又邀請諸侯到沈鹿（今鍾祥市東）會盟。當時僅有

黃、隨兩國的國君沒有參加會盟。黃國離沈鹿較遠，情有可原，但隨國離沈鹿很近卻缺席，熊通認為隨侯拒不到會是藐視自己。於是，熊通在沈鹿會盟後興師伐隨。這一次隨師大敗，隨侯被楚軍俘獲。但熊通並沒有滅掉隨國，而是讓隨侯在表示願意悔改之後與其結盟。從此，隨國再也不敢冒犯楚國，而楚國則完全確立了在漢東的霸主地位。

莊王稱霸

楚莊王（？-前 591 年）是春秋時代楚穆王的兒子，春秋五霸之一。楚莊王在位期間，韜光養晦，勵精圖治，三年不鳴，一鳴驚人，帶領楚國達到了繁榮昌盛的頂峰。

楚莊王即位之初，縱情享樂。登基三年，他沒有發布過一條政令，在處理朝政方面沒有任何作為，令朝廷百官都為楚國的前途擔憂。

楚莊王甚至下令道：膽敢對他進行勸諫者皆為死罪。直到有一天，朝臣伍舉忍無可忍，置生死於度外而覲見楚莊王。伍舉進來後，楚莊王當面質問他：「難道你沒有聽說過我曾經的規定嗎？難不成是來求死的？」伍舉道：「我哪裡敢勸諫您。只是聽說了一個謎語，很長時間了也沒有猜出來，人人都知道大王天生聰慧，想請大王給我點建議，就當是為大王助興了。」楚莊王這才放心地說道：「那你說說看。」伍舉說：「高山上有只奇怪的鳥，身披鮮豔的五彩羽毛，美麗而又榮耀，只是一停三年，不飛也不叫，人人猜不透，實在不知是只什麼鳥？」

楚莊王聽到了這些話，想了一會兒說：「三年不飛，一飛沖天；三年不鳴，一鳴驚人。此非凡鳥，凡人莫知。」

伍舉聽到楚莊王的一番話後，明白了楚莊王心中自有分寸，因此他繼續說道：「大王如此輕鬆便可猜中，可見見識確實高人一等。只是大王可曾想過，此鳥不飛不鳴，如果獵人暗箭射來可怎麼辦呀！」楚莊王聽後很受觸動。

原來，楚莊王即位時十分年輕，朝中諸事尚不了解，也不知如何處置，況且當時若敖氏專權，他更不敢輕舉妄動。無奈之中，才想出了這麼個自污以自保的方法，靜觀其變。楚莊王雖三年不理朝政，但對天下之事卻十分關心，對朝中大事及諸侯國的形勢都瞭如指掌。楚莊王韜光養晦，即位的頭三年裡，他默默地考察著群臣的忠奸賢愚，他頒布勸諫者死的命令，也是為了鑑別哪些是甘冒殺身之險而正直敢言的耿介之士，哪些是只會阿諛奉承的小人。

三年過後，莊王羽翼漸豐，也該大展拳腳了。接受勸諫後，楚莊王決心改革政治，並陸續任命了一大批德才兼備的能人賢士，使楚國上下人心安定。從此，這只「三年不鳴」的「大鳥」開始勵精圖治，爭霸中原。

西元前六一一年，楚國遭遇自然災害，西部有幾個部落趁機發動叛亂。朝中大臣建議楚莊王遷都避敵，楚莊王卻決定率軍親征。楚莊王一面誘敵深入，一面請秦國和巴人派兵從背後進攻叛軍，一舉將參與叛亂的庸國消滅。這時候楚莊王剛剛二十歲，已顯示出高超的政治智慧。

五年之後，即西元前六〇六年，分布在伏牛山和熊耳山之間伊水流域的陸渾之戎（一支游牧部落），趁著諸侯割據、天下大亂之際開疆拓土，成為周天子的心頭之患。精明的楚莊王打出了討伐陸渾之戎的旗號，率領大軍，直奔中原而去。這是楚莊王首次踏足中原。戰勝戎部落之後，

楚莊王出征像（由中國圖庫提供）

年輕氣盛的楚莊王為了向中原各國和周天子展示自己強大的軍事實力，竟帶著軍隊來到了周天子都城前的洛河之濱，在那裡舉行了一次盛大的閱兵儀式。周定王驚恐萬分，立即派出大夫王孫滿，以慰問之名一探虛實。

　　楚莊王在洛水之濱會見王孫滿，語帶譏諷地問道：「象徵著周王朝統治合法性的那九隻巨鼎，到底多重？」言下之意是周王室現在是否還能維持天下之主的地位？王孫滿回答道：「因為九鼎體積太大，無法稱量。」

意思是說，王權天下獨一無二，並非人臣的權力可以比擬。楚莊王告訴王孫滿，只需要把楚國兵戟上的銅鉤都折下來，就足夠鑄成九鼎。王孫滿的回答後來成為史上最著名的言論之一：「能否擁有天下的統治權，在德不在鼎。」

莊王如受當頭棒喝，立刻冷靜下來，他意識到以前過於注重威而忽視德，只有威德並重，才能廣得天下之民，從而成就千秋偉業。於是，與王孫滿道別之後，楚莊王欣然帶著自己的千軍萬馬，安靜地離開周境而返回楚國。

其後，莊王任命隱士孫叔敖為令尹。孫叔敖上任後鼓勵民眾開墾荒地，開闢河道，灌溉農田。沒幾年工夫，楚國更加強大，還先後平定了鄭國和陳國的兩次內亂。

西元前五九七年，中原霸主晉國與楚國衝突加劇。楚莊王率領大軍攻打晉國，雙方在邲地（今河南鄭州市東）進行了一次大戰。晉國慘敗於楚，人馬死傷過半。在船少人多的情況下，由於兵士們搶著渡河，有不少兵士都被擠進河裡活活淹死。有人勸楚莊王乘勝追擊，斬草除根。楚莊王說：「楚國自從城濮之戰失敗以來，一直抬不起頭。這回打了這麼大的勝仗，總算洗刷了以前的恥辱，何必還要殺那麼多人呢？」說著，下令立即收兵。自此楚國在中原各國中樹立了威德並重的良好形象，楚莊王自己也成了春秋五霸之一。

吳師入郢

郢都是楚國的國都，但在楚昭王在位期間，敵軍居然攻進了楚國的國

都，這是楚國萬萬沒有想到的。

西元前五〇六年，吳、蔡、唐三國組織了一個以吳國為核心的反楚同盟。吳國負責出兵攻打楚國，蔡國和唐國負責向其提供補給。當時，吳軍以所能動用的最大兵力和所能達到的最快速度，在沒有任何外交爭執和邊境衝突為先兆的情況下，突然發起進攻，三戰三勝，並順利越過了位於湖北、河南之間的大隧、直轅、冥厄三處險隘，一直深入到楚國腹地。

吳國國君闔閭本來計劃挫敗楚國銳氣之後見好就收。但吳國大夫伍子胥卻主張一舉平定楚國。伍子胥的父親伍奢，楚平王時曾為楚國太子太傅，因楚平王聽信讒言而被處死，伍子胥之兄伍尚也因此而死於非命。伍子胥則逃離楚國來到吳國，並且為吳王闔閭重用。伍子胥勸諫吳王闔閭道：「一個不會游泳的人落水後，只喝一口水還死不了，要連喝多口水才會嗆死，現在應該讓落水的人沉到水底去才對。」於是，吳王闔閭決定與楚國進行決戰，直指郢都。

西元前五〇六年，吳、楚兩國部隊在柏舉（在今湖北麻城一帶）展開激戰。吳王闔閭親自掛帥，以孫武、伍子胥為大將，闔閭的胞弟夫概為先鋒，傾全國三萬水陸之師，直逼楚境。當時楚軍統帥子常為人奸詐，不講仁義，楚軍將領沒有拚死一戰的決心。面對來勢洶洶的敵軍，子常的部隊一觸即潰、陣勢大亂，吳王則全力出擊，大敗楚軍。

楚軍主力遭受重創後向西潰逃，吳軍緊追不捨。此後，吳軍勢如破竹，乘勝追擊，五戰五捷，一直打到了楚國的都城郢都（今湖北荊州）。

柏舉之戰後的第九天，楚昭王一家逃出郢都避難。次日，吳師攻破郢都。吳人按照尊卑順序，分別住進楚王的宮室和王親貴族的府第。吳軍進入郢都後，伍子胥為了報仇，甚至還鞭打楚平王的屍體，砸碎了象徵楚王王權的九龍之鐘。楚人有強烈的懷舊、念祖、愛國、忠君傳統，吳師的行為越殘暴，楚人的抵抗就越猛烈，民眾對吳王極為仇恨，吳王甚至難以在郢都睡上一個安穩覺。當時，楚人群起與吳軍鬥爭，口號是「各致其死，卻吳兵，復楚地」。同時，楚國令尹子西也四處招募士兵，組建正規軍隊，以圖向吳軍發起反擊。

　　吳軍的暴行雖然激起了楚國民眾的公憤和反擊，但元氣大傷的楚軍仍然不是吳軍的對手，真正扭轉戰局的是楚國大夫申包胥請來秦國軍隊作為援兵。

　　申包胥和伍子胥曾是好友，相傳伍子胥在逃離楚國時曾對申包胥說：「我一定要傾覆楚國。」申包胥則說：「我教你報仇，這是不忠；教你不報仇，又陷你於不孝。你以後若是危害楚國，我也不會坐視不理。你能滅楚，我必能存楚。」郢都淪陷後，申包胥託人帶口信給伍子胥，對伍子胥鞭平王之屍的行為加以譴責。隨後，申包胥隻身跑到秦國去請援兵。

　　申包胥對秦哀公說：「吳國是頭野豬，是條長蛇，它屢次損害中原列國，最早遭到侵害的是楚國。我們國君守不住自己的國家，流落在荒草野林之中，

伍子胥像

派遣臣下前來告急求救。我們國君說：『吳國人的貪心是無法滿足的，要是吳國成為您的鄰國，那就會對您的邊界造成危害。趁吳國人還沒有把楚國消滅，您還是去奪取一部分楚國的土地吧。假若我們楚國就這樣傾覆了，其餘一部分便是君王的土地。如果憑藉君王的威力來安撫楚國，楚國將世世代代侍奉君王。』」秦哀公不為所動，只說：「寡人知道了，你暫且住進客館休息，我考慮好了再來給你答覆。」說完，秦哀公拂袖而去。申包胥不肯離開，於是就靠著牆壁號啕大哭，日夜不停。他連哭七天，不吃一口飯，不喝一口水，秦哀公終於被申包胥的忠肝義膽所打動，答應出兵救楚。

西元前五〇五年夏末，秦國出兵救援楚國。與此同時，散而復聚的楚軍在軍祥（今湖北隨州市西南）與吳師展開戰鬥並取得勝利。秦師縱橫於方城內外，楚師出沒於漢水南北，楚人則支援秦師和楚師，導致吳師窮於應付、接連敗退。是年秋，楚秦合力擊退吳國的盟軍。九月，夫概見吳軍大勢已去，便匆匆率部回國，自立為吳王。吳王闔閭見前方大勢已去，後方又有大患，隨即命全軍撤回吳國。

西元前五〇五年，楚昭王回到了郢都。郢都在吳軍鐵蹄的蹂躪之下已經殘破不堪、滿目瘡痍。於是昭王做出了遷都的決定。後來，楚人在今天的江陵一帶建起了新的都城，即今天為人所熟知的紀南城，但楚人仍稱之為郢都，以示不忘

楚故都紀南城——楚紀南城保護標誌

其舊。

楚國從吳師入郢這次瀕於危亡的大難中吸取了教訓，楚昭王、楚惠王兩代國君更加勵精圖治，使楚國實現了快速復甦，國力漸盛，以強國姿態進入戰國時代。

吳起變法

當歷史的車輪進入戰國時代，趙、魏、韓三家崛起，楚國向北發展屢屢受挫，同時楚國國內大臣專權，封君眾多，奢靡之風日益滋長，可謂內憂外患接踵而至。國外形勢嚴峻、國內社會矛盾尖銳的現實情況迫使楚悼王

吳起像

不得不尋找出路以擺脫困境。值此內外交困之際，楚悼王重用主張進行變法革新的改革家吳起，大力推行變法革新，在楚國貴族中產生了強烈的反響。

吳起（？-前381），戰國初期衛國人，早先至魯國學習儒家思想，後又改學兵法。西元前四一〇年，齊國進攻魯國，魯穆公任用吳起為將，大敗齊軍，初步顯示了吳起在軍事上的才能。但魯穆公聽信讒言，不信任吳起，吳起只好來到魏國。吳起兼采儒、兵、法各家，他認為為政之道，應「內修文德，外治武備」。在魏國期間，吳起在內做到「治百官，親萬民，實府庫」，對外使秦不敢東向，韓、趙「賓從」（《史記・孫子

吳起列傳》）。但魏武侯即位後，吳起受到大臣王錯的排擠，只好離開魏國，來到楚國。

由於吳起在魏國政績卓著，軍功赫赫，所以一到楚國，就受到楚悼王的重用。他先被任命為宛（今河南南陽）守，防禦韓、魏兩國，一年以後，晉陞為令尹，掌管朝政，主持變法。

吳起變法的主要內容有四點：

一是削弱貴族特權。吳起認為「大臣太重，封君太眾」是楚國存在的主要問題。他們對上威逼君主，對下欺凌百姓，導致國貧兵弱。因此，吳起改革爵祿制度，削減大臣的封爵，收回封君三代以後的爵位和俸祿，廢除世襲制度。同時，吳起根據楚國地廣人稀的特點，把舊貴族及所屬部眾遷到地廣人稀的邊疆，以促進邊遠地區的開發。

二是健全法制。吳起總結了李悝在魏國變法的經驗，他深知法治的重要性，故在變法中制定了一系列法令，公布於眾。為樹立法治權威，吳起還下令禁止縱橫家進行遊說，有效推動了法令的實施。

三是整頓吏治。吳起大力整治權門請託之風、廓清吏治，並要求官吏公私分明、言行端正，不計較個人得失，立志為變法和國家效力。同時，他大力裁減冗官，選賢任能。

四是以經濟強軍。在變法中，吳起推行耕戰並重、亦兵亦農的政策。禁止丁民遊手好閒，獎勵「耕戰之士」，鼓勵從事農業生產，從而保證生產發展。同時，他還縮減了百官和封君子孫的俸祿，以擴充軍備、提高士兵待遇。

吳起推行變法後，富國強兵的效果顯著。楚國向北方伐魏救趙，收復了被三晉占領的陳國、蔡國故地，將勢力擴展到黃河岸邊。向南平定百越，疆域拓伸至江南，占有洞庭、蒼梧之地，當時的楚國「兵震天下，威服諸侯」。

然而歷史總會留有遺憾。正當變法順利進行時，西元前三八一年，楚悼王不幸病逝。早就對吳起變法懷有仇恨的舊貴族勢力趁機發動叛亂，殺死了吳起。吳起變法宣告失敗。

吳起變法持續時間不到五年，變法的成果並未完全得以鞏固，隨著楚悼王與吳起的相繼離世，楚國歷史上這場轟轟烈烈的改革運動也隨之夭折。但較之商鞅變法，吳起變法早了三十多年，它在推動楚國貴族政治向官僚政治轉化的過程中發揮了積極作用。

懷王滯秦

楚懷王熊槐（前 328-前 299 年在位）是戰國時期楚國國君。楚懷王繼位以後，取得了極大的功績，他曾向北討伐魏國並奪取城池和土地，也曾向東滅亡越國並將國境拓展到江東地區。西元前三一八年，他甚至組織起七國聯軍向西伐強秦，楚國因此一度成為當時中國最強盛的國家。但在其執政中期，楚懷王誤信秦相張儀，撕毀齊楚盟約，致使國土淪陷，自己也成了秦國的階下囚，最後落得客死異國的下場，楚國也從鼎盛走向了衰亡。

西元前三一三年前後，秦國、齊國和楚國三強鼎立，秦國準備進攻齊國，但這時齊楚結盟，關係非常密切。於是秦惠文王與著名的縱橫家張

儀商量對策。張儀前往楚國遊說，以獻商於之地六百里為條件，要楚懷王與齊國絕交，重修秦楚之好。張儀對楚懷王說，這是「一石三鳥」的好計，既可以削弱齊國，又讓秦國欠下人情，更可得到戰略位置極其重要的商於之地。

楚懷王竟對張儀的話深信不疑，群臣也無不慶賀，唯獨客卿陳軫不賀，他說：「秦國這麼看重大王，是因為你和齊國關係良好。現在沒有得到土地卻先和齊國絕交，那麼楚國便陷於孤立之境，那時秦國怎會看重你？如果先把地要過來，再與齊國絕交，秦國則肯定不允。如果先絕齊後索地，必然會被張儀欺騙。大王受了欺騙肯定惱火，難免和秦國鬧僵，這樣秦國和齊國的兵鋒都要朝向楚國了。」可是懷王不聽諫言，滿口答應了張儀的要求。

楚懷王一邊派人到齊宣布斷交，一邊派人隨張儀到秦國接收土地。快到咸陽時，張儀假裝醉酒，從車上摔落下來。使者多次求見，均被告之相國病重，無法辦理國事。一晃三個月即將過去，楚國使者心急如焚，只好向秦王上書求見，秦惠文王一聽，故作驚訝道：「可是還沒有聽說齊楚絕交呀！」

接到使者的報告，楚懷王得地心切，於是派人入齊痛罵齊王。齊國大怒，不僅立即宣布與楚斷絕外交關係，而且派人到秦國，與秦結成了共同伐楚的聯盟。張儀見楚國進了圈套，立即宣見楚國使者說：「我的封地六里將馬上割讓給楚國。」楚國使者一聽十分疑惑：「不是說六百里地嗎？怎麼只有六里地呀！」張儀反唇相譏：「秦國的每一寸土地，都是秦國將士浴血疆場打下的，我怎麼能夠擅自做主？我說的只是我自己的六里封地！」

楚國使者知道上當，趕緊返回楚國向懷王覆命。楚懷王得知此事後，羞憤難當，立即興兵伐秦。

隨後，秦楚兩軍在丹陽開戰。據《戰國策》記載，楚軍主帥為屈　，副將是逢侯丑。秦軍主將是庶長魏章，副帥是秦惠文王的異母兄弟樗里疾。楚軍復仇心切，主動進攻，秦兵則以逸待勞，變守為攻。楚軍戰敗，包括屈匄在內的近七十餘名將領成了秦國的俘虜。秦國乘勝追擊，還占領了楚國的漢中郡。

戰敗消息傳來，楚懷王不聽大臣們的苦苦勸阻，試圖舉全國之力反攻秦國。秦軍見楚軍來勢凶猛，沒有與之硬拚，而是主動後退，採取誘敵深入的策略，將楚軍主力引誘到了距秦國國都咸陽約五十公里左右的藍田。這裡距離楚國國都已經有一千多公里，後勤補給極其困難，秦軍見楚軍已是強弩之末，便聯絡臣服於己的韓、魏兩國進軍楚國的南陽盆地東部，一直逼近漢水，實施後方騷擾，再發起總攻。楚國腹背受敵，兩面受難，只能傳令撤兵，向秦國割地求和。一場由張儀導演的大戲，以楚國的失敗、秦國的全面勝利告終。楚懷王不僅上當受騙，沒有得到秦國事先許諾的六百里商於之地，反而丟失了漢中的大片國土，楚國由此走向衰落。

西元前二九九年，秦國國君昭襄王寫信給楚懷王，相約在武關會盟結好。面對這樣的一封邀約，楚懷王一時難以做出決定。如果去，恐遭遇不測；如果不去，又怕因此而得罪秦國，令兩國的關係雪上加霜。屈原等賢臣力勸楚懷王不要赴約，但是楚懷王的一個兒子卻主張楚懷王應該赴約，與秦建立起同盟關係。楚懷王聽信了兒子的話，去了秦國武關。

但是，秦王根本就沒有前往武關，而是派自己的弟弟冒充自己率兵到了武關。楚懷王一到武關，就落入了秦國設計好的圈套，被當作俘虜押送至咸陽。至此，楚懷王才知道再次上當受騙，但是為時已晚。

秦昭襄王不僅不以對等的禮節會見楚懷王，而且要懷王以藩臣之禮拜見自己，作為回國的條件，要求懷王割讓巫郡、黔中郡兩地給秦國。懷王對於秦國的無理要求明確拒絕。秦王惱羞成怒，索性將懷王羈押於秦。

楚懷王寧願成為秦國的階下囚，也不出賣自己的國土，他雖然多次受騙誤國，但在這件事情上，卻得到了楚國人民的同情和尊重。

當懷王被拘的消息傳回楚國後，楚國上下義憤填膺，但面對強大的秦國卻是無計可施。「國不可一日無主」。為了粉碎秦國拘王索地的陰謀，也為了確保懷王不因此受到秦國的傷害，楚國人從齊國迎回了充當人質的太子橫，將他擁立為楚王，後世稱之為楚頃襄王。

楚懷王最終也沒有被楚國贖回，他曾試圖逃離，但秦軍阻斷了他逃往楚國的道路，而其他的國家又無人敢收留他，最終他還是被秦軍抓回。西元前二九六年，歸國無望的楚懷王在秦國抑鬱而終。

楚懷王死後，秦國將他的靈柩送回楚國。楚國舉國哀痛，《史記・楚世家》記載：「楚人皆憐之，如悲親戚。諸侯由是不直秦。」

楚懷王缺乏領袖才能，又聽不進賢臣的逆耳忠言，受騙誤國，令人扼腕長嘆。從此楚國一蹶不振，完全喪失了主動進攻能力。楚懷王死後不到二十年，秦軍攻占郢都，楚頃襄王遷都於淮陽，後又遷都到安徽壽春。西元前二二三年，立國八百多年的楚國終被秦所滅。

第二節・往事越千年

　　楚國滅亡後，湖北地區先後處於秦、漢、隋、唐、宋、元、明、清等王朝的統治之下，雖然王朝更替、歷盡滄桑，但荊楚兒女始終勵精圖治、自強不息。從綠林好漢揭竿而起，到劉秀起兵中興漢室；從隆中對的提出，到赤壁之戰、火燒連營後的三國鼎立；從宋元襄陽之爭，到明清時期的「天下四聚」……荊楚大地上，風雲際會，在秦朝以後的二千餘年歷史長河中留下了光輝的印記。

綠林起義

　　綠林起義是新莽末年的農民大起義。西漢末年，政治日益黑暗腐敗，土地兼併劇烈，百姓喪失土地，飽受剝削。尖銳的社會矛盾及嚴重的社會危機使得西漢政權搖搖欲墜。此時，身為外戚的大司馬王莽乘機篡奪了朝政，自稱皇帝，改國號為「新」。王莽為緩和日益尖銳的社會矛盾，進行了復古「改制」。但繁苛的法令，繁重的徭役、賦稅，加上連年災荒，官吏橫徵暴斂，使民眾遭受更深重的苦難。

　　西元十七年，長江中游的荊州地區出現了嚴重的饑荒災害，百姓紛紛逃離家園，到野澤山林中挖草根、掘野菜以求活命。後來，人們竟時常為一根草、一棵菜而爭鬥。新市（今湖北京山東北）人王匡和王鳳因經常出面調解矛盾而逐漸受到農民的擁戴。隨後，數百飢餓的農民推舉王匡、王鳳為首領，舉行起義。他們藏身於綠林山內，不久，起義隊伍發展到七八千人，歷史上著名的「綠林軍」就此形成。

西元二十一年，王莽派荊州牧率兩萬官兵圍剿綠林軍，綠林軍奮起抵抗，大獲全勝，繳獲了大批軍需物資。隨後綠林軍又乘勝攻占了竟陵（今湖北天門）、安陸（今湖北安陸）等幾個縣城，打開監獄，放出犯人，把官倉的糧食分發給飢餓的窮人。一時間，綠林軍軍威大振，受苦百姓紛紛投奔綠林軍，隊伍很快發展到五萬餘人。

西元二十二年，綠林山一帶發生瘟疫，缺醫少藥的綠林軍病死過半。為躲避瘟疫和官兵圍剿，綠林軍開始分散轉移。一部分由王匡、王鳳率領，北上南陽，稱「新市兵」；一部分由王常、成丹率領，西入南郡（今湖北江陵），稱「下江兵」。此時，平林（今湖北安陸北）人陳牧、廖湛聚合數千名百姓起義，號稱「平林兵」。這樣，綠林軍由一支變成了三支，各占一塊地盤，隊伍也逐漸壯大起來。

平林兵進攻南陽時，破落貴族劉玄投奔而來，陳牧封其為安集掾之職。與此同時，劉玄的同族劉縯、劉秀兄弟也在南陽起事，與綠林軍一同作戰，綠林起義隊伍發展到十餘萬人。

在這種情況下，建立統一的領導機構和名正言順的政權就成為首要問題。西元二十三年，起義軍中混雜進來的豪強地主們，推舉漢宗室劉玄為帝，恢復漢朝，改年號為「更始」。劉玄當了皇帝，封王匡、王鳳為上公，王匡為比陽王，王鳳為宜城王，劉縯為大司馬，陳牧為陰平王，廖湛為穰王，劉秀為太常偏將軍。

與此同時，東方的一支起義軍逐漸壯大，與南方起義軍遙相呼應。其首領樊崇以泰山為基地，在青州和徐州之間活動。樊崇的起義軍為了在戰鬥中區分敵友，將眉毛畫成紅色，故稱「赤眉軍」，後來也發展到十萬之眾。

綠林、赤眉兩支起義大軍分別在南方和東方揭竿而起的消息一經傳開，全國各地便迅速發展起大大小小起義軍幾十路，王莽政權搖搖欲墜。在之後的昆陽（今河南葉縣）之戰中，王莽的主要力量損失殆盡。西元二十三年，綠林軍乘勝追擊，攻破長安，推翻了王莽暴政，王莽也因此而喪命。

　　綠林起義徹底推翻了王莽的殘暴統治，建立了不可磨滅的豐功偉績。但是，由於地主豪強的參與和破壞，綠林軍最終還是瓦解了。劉玄為鞏固自己的地位，首先殺害了陳牧、成丹。王匡、廖湛得知消息後率兵歸順赤眉軍。西元二十五年，赤眉軍攻入長安，劉玄投降，更始政權結束。同年，劉秀稱帝，是為漢光武帝。後來，劉秀先後消滅了綠林軍和赤眉軍，建立了東漢王朝。

三顧茅廬

　　三顧茅廬是東漢末年劉備三請諸葛亮出山輔佐的故事。

三顧茅廬手卷｜清・蘇六朋

官渡大戰後，曹操打敗了劉備。劉備只得投靠劉表。劉備聽徐庶和司馬徽推薦，得知在襄陽隆中有一「臥龍先生」——諸葛亮，他才華橫溢、謀略非凡，可以輔佐自己成就大事。

求賢若渴的劉備在關羽和張飛的陪伴下前往臥龍崗，拜訪諸葛亮。沒想到諸葛亮一早便已出門。書僮難以確定諸葛亮的去處和歸期，關羽和張飛兩兄弟也勸劉備先行離去，日後再做打算，劉備只好悵然離去。

幾天後，前往隆中打聽的人得到消息稱臥龍先生已返回隆中。劉備激動不已，立即準備出發。張飛說：「一個山野村夫，兄長何必親自去呢？我派人把他叫來得了。」劉備斥責道：「胡說，臥龍先生乃當世奇才，豈能隨便召喚。」說完，劉備即刻出門，關、張二人自然只能跟隨前往。當時正值隆冬，漫天大雪。三兄弟冒著大雪來到隆中。劉備輕輕敲門，門內回話說先生正在讀書。劉備進屋至中門，只見一少年正在讀書，一問才知他是諸葛亮的弟弟諸葛均，而諸葛亮與朋友相約外出遊歷了。諸葛均告訴劉備說：「家兄往來無定，不知去所。」劉備久等不見，只好留下

一封信，以表敬慕之心，並告知諸葛均改日再來拜訪。

　　冬去春來，劉備挑了個黃道吉日，準備再次拜訪諸葛亮。這次，關羽和張飛都十分不滿。關羽道：「哥哥兩次親往，禮節已至。想必諸葛亮虛有其名，故意避而不見。」劉備說道：「齊桓公前往五次才能見東郭野人一面，況且我想見的是位大賢呢？」三人來到隆中，已經是中午，為了表示敬意，劉備在離諸葛亮的草堂還有半里路時就下馬步行。劉備走到門前，剛一敲門，書僮便出門說，先生正在草堂午睡。劉備吩咐大家不要驚擾諸葛亮，隨即不顧路途疲勞，在門外靜候。等了許久，仍不見諸葛亮醒來，張飛大怒道：「這廝太傲慢了，待我去屋後放一把火，看他起不起來！」關羽急忙拉住張飛。

　　足足等了兩三個時辰之後，劉、關、張三兄弟終於見到了諸葛亮。劉

古隆中秋色

備連忙行禮說:「久慕先生大名,三次拜訪,今日如願,實乃平生之大幸。」諸葛亮說:「蒙將軍不棄,三顧茅廬,真叫我過意不去。亮年幼不才,恐怕要讓將軍失望了。」劉備卻誠懇地說:「我不度德量力,想為天下伸張正義,振興漢室。由於智術短淺,時至今日,未能如願,望先生多多指教。」劉備態度謙虛、情意誠懇,諸葛亮深受感動,於是推心置腹地向劉備分析了天下形勢,闡述了自己的主張。他說:「曹操占有天時,孫權據有地利,將軍拿下西川據得人和,可與曹、孫形成三足鼎立的態勢。」

聽著諸葛亮的分析,劉備心中豁然開朗。他趕忙起身施禮,懇請諸葛亮同他一起下山,輔佐他成就功業。

諸葛亮被劉備的殷殷之情所打動,離開隆中,出任劉備的軍師。此後,他鞠躬盡瘁,死而後已,忠心輔佐劉備和劉禪。

如今,襄陽市古隆中景區已成為中外遊客觀光的勝地。「三顧堂」前,那副「兩表酬三顧,一對足千秋」的對聯總能引起人們的感慨之情。

赤壁之戰

赤壁之戰,是孫權、劉備聯軍和曹操所率軍隊在赤壁進行的一次大戰,此役過後,三足鼎立的局面基本形成。孫劉聯軍在數量和實力上都處於弱勢,最終卻打敗了強大的曹軍,成為三國時期三大戰役中最為著名的一場。

二〇八年,二十萬大軍在曹操的帶領下奔荊州而來。就在這緊要關

赤壁摩崖石刻

頭，荊州刺史劉表於八月間暴病身亡，其次子劉琮懦弱無能，被曹操的
兵威嚇破了膽，慌忙派人求降。劉備得知曹操南下，措手不及，在向南
退守的過程中，又被曹操打敗，只好退到夏口（今湖北武昌），與劉表的
長子劉琦合兵一處。

　　得知曹操南征、劉表病死之後，孫權派魯肅以弔喪之名前去查探情
況。魯肅抵達江陵時，劉琮已投降了曹操。魯肅當機立斷，立即向劉備
說明聯合抗曹的意向。處於困境的劉備欣然接受了這個建議，並派諸葛
亮隨魯肅前去拜見孫權。

諸葛亮見到孫權，為了解除孫權的顧慮，分析了敵我形勢。諸葛亮說，劉備的軍隊雖然兵敗，但尚有水陸兵力兩萬餘人。曹操兵馬雖多，但長途跋涉，如同強弩之末。他還指出曹軍多是北方人，不習水戰。荊州的水軍降曹，是形勢所迫，並非真心效力。只要孫劉聯合，同心協力，必能打敗曹軍，最終形成三足鼎立之勢。

　　諸葛亮的精闢分析，不僅使孫權心悅誠服，精神振奮，也有力地批駁了主降派的種種謬論，得到了主戰派的支持，堅定了孫權的信心。

　　隨後，孫權在魯肅的建議下召回周瑜商討用兵之計。周瑜的主張和孫權、魯肅、諸葛亮完全一致。周瑜針對張昭等人的主降觀點，從當時的政治、軍事形勢出發，有理有據地駁斥說：「曹操表面上打著漢朝的旗號，實際上心懷不軌。孫將軍雄才大略，占據江東數千里之地，兵精糧足，英雄之士樂於報效，應當為漢室除奸。」

　　周瑜指出，曹操雖然統一了北方，但後方並不安定，關西的馬超、韓遂是曹操的後患。況且曹操捨棄鞍馬，依仗舟船，和東吳較量，這不是中原人的長處。現在天寒地凍，軍馬沒有草料，士兵不服水土，必然發生疾病，這是用兵的忌諱，正是打敗曹軍的好時機。周瑜主動請兵，進駐夏口，抗擊曹操。

　　周瑜的一席話，使在場的人都受到極大鼓舞，也激勵了孫權。孫權調撥三萬精兵，任命周瑜、程普為左右都督，魯肅為贊軍校尉，率軍與劉備會師，共同抗擊曹操。

　　二○八年十月，曹操率軍自江陵順流而下，戰船千里，旌旗蔽空，聲

勢十分浩大。曹操認為自己在軍事上占絕對優勢，打敗孫權不成問題。可是不出諸葛亮和周瑜所料，曹軍初到南方，不服水土，很多士兵生了病，加之不習水戰，因此與孫劉聯軍在赤壁剛一接觸，便打了敗仗，銳氣大挫。

曹操為克服軍隊不適應水戰的弱點，下令把戰船用鐵索首尾相連，上面鋪上木板，以解決船隻搖晃的問題。曹操的連環船被周瑜的老將黃蓋看在眼裡，黃蓋敏銳地洞察到連環船存在的缺陷，便向周瑜建議：「曹軍實力強大，我軍根本沒有實力與敵長久對峙。但曹操的船隊首尾相連，可以採用火攻的戰術，把敵人消滅。」

周瑜採納了黃蓋的建議，一方面積極準備實施火攻，另一方面讓黃蓋出面寫了一封假的投降信，並約定投降日期，以麻痺曹操。一切做好準

赤壁之戰（赤壁市旅遊委供圖）

備之後，只要東南風一起，就可以實施火攻了。

萬事俱備，只欠東風。歷史充滿驚人的偶然性，而往往就是這些偶然性，改變了歷史的進程。隆冬季節，一般多刮北風，可是到了冬至那天，天氣突然轉暖，東南風勁吹，江水咆哮，濁浪滔天，周瑜等將領見此情景，激動萬分。江東將士個個摩拳擦掌，人人精神振奮，決戰時刻終於到來。

時至夜晚，黃蓋率領十幾艘艨艟鬥艦，裡面裝滿灌了油的乾柴枯草，還有大量硫黃煙硝之類的引火之物，外面圍著幔布，插上青龍牙旗，乘風破浪，向曹軍水寨疾馳而去。黃蓋高舉火炬，看見距曹營已不遠，便讓將士大聲吶喊：「黃蓋前來投降了！」

曹軍被黃蓋的詐降所迷惑，正當曹軍將士興高采烈之時，黃蓋指揮各艦同時燃起火來，迅速向曹操的船艦衝去。風助火勢，火借風威，火烈風猛，霎時，曹軍船艦烈焰衝天，那些戰船一時間無法分開，曹操水寨化為一片火海，甚至曹軍在岸上的營寨也著了火。

周瑜見對岸起火，知道黃蓋已經得手，立即發布命令，令孫劉聯軍分水陸兩路乘勝進擊。曹軍兵敗如山倒，被殺得丟盔棄甲，人仰馬翻，死傷無數。曹操帶領殘兵敗將，狼狽退回北方。

赤壁一戰，曹軍元氣大傷，其勢力侷限於北方，再也無力南下，孫權在江南的地位得到了進一步鞏固，劉備也趁機獲取了立足之地，勢力日益壯大，三國鼎立的局勢就此形成。

夷陵之戰

夷陵之戰發生於三國時的蜀國和吳國之間，是積極防禦戰的經典案例，也是三國三大戰役的最後一場。

在赤壁戰役後，孫權出於戰略需要而將軍事要地荊州交由劉備統治。不久，益州和漢中也被劉備占領，三國鼎立的局面在此基礎上逐漸形成。

二一一年，孫權占據交州，勢力進一步擴大；而曹操正忙著穩定後方，無暇南顧。孫權趁機向劉備索還荊州，但劉備卻拒絕歸還。吳、蜀兩國關係不斷惡化。二一九年，駐守荊州的蜀將關羽率兵攻取襄陽、樊城。孫權則趁關羽後方空虛之際，派遣軍隊襲擊關羽後方。關羽倉促帶兵回救，兵敗麥城被殺。孫權順勢攻取了整個荊州。

二二一年，劉備稱帝。同年七月，劉備親自率領蜀漢大軍，發動了對東吳的大規模戰爭。劉備派大將吳班、馮習為先鋒，攻取峽口，在巫地（今湖北巴東）打敗吳軍將領李異、劉阿部，奪取了秭歸，又派大將黃權駐守長江北岸，派馬良去武陵爭取當地部落首領沙摩柯的支持。

面對蜀漢大軍壓境，孫權沒有退縮，奮起應戰。東吳大軍在大都督陸遜的率領下，前往應敵。同時東吳為避免腹背受敵，與曹魏修好。陸遜上任後，正確分析形勢，避開蜀漢大軍銳氣，果斷後撤到夷道（今湖北宜都）、猇亭一帶。然後在那裡轉入防禦，占領有利地勢，集中兵力伺機決戰。

二二二年，蜀漢大軍攻入夷陵地區，駐兵長江兩岸。劉備親自率主力抵達猇亭，安營紮寨。此時，蜀漢大軍已經深入吳國境內，而吳軍堅守

要地不出。為了迫使陸遜出戰，劉備派人圍攻夷道。善於用兵的陸遜力排眾議，堅守不救。兩軍相持六個月，劉備為了速戰速決，多次派人陣前挑戰，但陸遜都不予理睬，蜀軍將士逐漸喪失鬥志。天氣炎熱，劉備無奈把軍營移到深山中依溪水屯兵休整。蜀漢大軍深入敵境，後勤保障困難，而且劉備在紮營時，兵力部署又十分分散，從而給陸遜以可乘之機。

陸遜見到蜀軍士氣不振，先派出小部軍隊試探性地進行進攻。此次進攻雖然沒有成效，卻使陸遜想到用火攻破敵的辦法。二二二年六月的一天，夷陵地區颳起大風，陸遜立即召集東吳將士，令他們連夜突襲，點火燒營。當時江南正是炎夏季節，氣候悶熱，由於蜀軍的營寨都是由木柵築成，周圍又全是樹林、茅草，呼呼的大風助著火勢，很快便燒燬蜀軍四十多個大營。

劉備和蜀將正在營中酣睡，忽被衝天火光驚醒，趕緊起身整理人馬，但士兵們早被大火燒得分不清東南西北了。蜀軍亂了陣腳，被打得落花流水，人仰馬翻。劉備見全線崩潰，只有逃往夷陵西北馬鞍山，命蜀軍環山據險自衛。但陸遜不給他喘息機會，集中各路人馬，四面圍攻，又殲滅蜀軍數萬人。最後，蜀軍潰不成軍，車、船和其他軍用物資喪失殆盡。劉備趁夜突圍，幾乎被擒，幸得眾將拚死保護，才狼狽不堪地逃回白帝城。次年三月，劉備惱羞於夷陵慘敗，一病不起。

夷陵之戰中，陸遜正確分析形勢，果斷後撤誘敵，伺機反攻，集中兵力，借用火攻，終以五萬兵力擊敗十萬蜀軍。這一戰體現了陸遜傑出的軍事才能和高超的指揮能力。而劉備的失敗也非偶然。他一怒發兵，自

恃兵力強大，深入冒進。指揮作戰時，他不考察地形，把部隊引入崎嶇山道中，而敵軍反攻時，又沒有及時調整作戰部署，最終導致失敗。

襄陽之戰

金庸的武俠小說《神鵰俠侶》中講述了蒙古大軍攻打襄陽，郭靖夫婦頑強抵抗的故事，最後城破之際，郭靖夫婦雙雙殉難，令無數讀者扼腕嘆息。實際上，這場保衛戰並非杜撰，其歷史原型正是中國歷史上宋元王朝更迭的關鍵一戰——襄陽之戰。

襄陽城和樊城互為依存，「跨連荊豫，控扼南北」，地勢十分險要，自古以來為兵家必爭之地，也是南宋抵抗蒙古軍隊的邊陲重鎮。咸淳三年（1267 年），將領劉整建議忽必烈以率先進攻襄陽作為滅亡南宋的策略。

忽必烈按照他的策略，首先對襄陽進行圍困，蒙古軍隊首先建立了陸上據點作為進攻宋朝的基地。一二六一年，忽必烈遣使以玉帶賄賂南宋荊湖制置使呂文德，請求在襄陽城外置榷場，呂文德應允。蒙古使者又以防止盜賊、保護貨物為名，要求在襄陽外圍築造土牆，目光短淺的呂文德竟然也同意了。於是蒙軍在襄陽東南的鹿門山修築土牆，內建堡壘，形成了包圍襄陽的第一個據點。

咸淳三年（1267 年）秋天，蒙將阿術率領部隊進軍襄陽，大獲全勝，然而，宋軍卻在蒙古班師回營的途中，在襄陽西面的安陽灘地區派水軍設伏，再由騎兵衝入蒙古部隊橫衝直撞。安陽灘之戰，蒙軍水戰偏弱的特點暴露無遺。

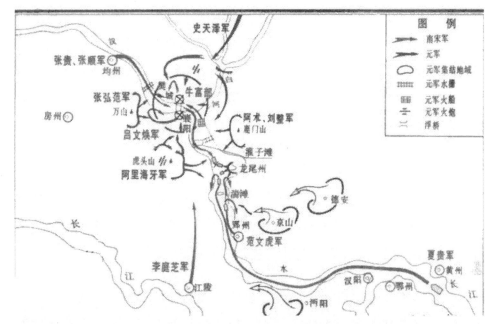

襄陽之戰作戰經過示意圖（引用解放軍出版社《中國古代經典戰爭戰例》附圖十二）

咸淳四年（1268 年），阿術在襄陽東南鹿門堡和東北白河城修築堡壘，切斷了援襄宋軍之路。咸淳六年（1270 年），蒙將史天澤在襄陽西部的萬山堡築長圍，又在南面的峴山、虎頭山築城，連接諸堡，完全切斷了襄陽與外界的聯繫。同年，忽必烈命劉整「造戰船，習水軍」，以圖進取襄陽。劉整於是造船五千艘，日夜操練水軍，又得到四川行省所造戰艦五百艘，建立起一支頗具規模的水軍，彌補了自身劣勢，為戰略進攻準備了必要條件，並完成了對襄陽的包圍。

南宋朝廷為挽救危局，進行了反包圍戰與援襄之戰。呂文煥於咸淳三年（1267 年）冬天走馬上任。次年十一月，呂文煥命襄陽守軍對蒙軍展開了激烈的進攻，試圖打破鹿門、白河被圍困的局面，但最終以宋軍的慘敗告終。咸淳五年（1269 年）3 月，宋將張世傑率軍與包圍樊城的蒙

軍作戰，又被阿術打敗。同年七月，前來馳援的夏貴也在虎尾洲遭到伏擊，損失慘重。咸淳六年（1270年）春，呂文煥出兵襄陽，對萬山堡的蒙軍進行進攻，由於蒙軍誘敵深入、宋軍士氣衰退，這場戰役再次以宋軍大敗而告終。陸戰接連失利，水戰也未能取勝，這年九月，宋將范文虎率水軍增援襄陽，卻以被蒙軍水陸兩軍打擊後倉皇逃脫而告終。

此後，范文虎於咸淳七年（1271年）再次援襄，同樣以失敗而告終，這一時期，雖然宋軍在襄陽城外從未放棄爭奪，但蒙軍對襄陽的包圍卻是早已形成，南宋對襄陽的援助最終都以失敗告終，並且襄陽城中的宋軍也難以取得勝利，宋軍只好困守襄陽，敗局已定。

咸淳八年（1272年）春，元軍對樊城發動總攻。阿術等人帶領蒙軍進攻樊城，衝破城牆，形成了更小的包圍圈，宋軍不得不侷限於內城進行最後的堅守。四月，京湖制置大使李庭芝招募襄陽府等地民兵三千餘人，派總管張順、路分鈐轄張貴率隊支援襄陽城。二人率輕舟百艘、士卒三千餘人及大批物資出發，臨行前張順激勵士卒說：「這次救援襄陽的行動，任務十分艱巨，每個人都要有必死的決心和鬥志，你們當中的有些人如果並非出於自願，那就趕快離去，不要影響這次救援大事。」然而沒有一人臨陣退縮。救援戰鬥開始，二張在高頭港集結船隊，把船連成方陣，每隻船都裝備精良，張貴在前，張順在後，突入蒙軍重圍。船隊到達磨洪灘，被布滿江面的蒙軍船艦阻擋，無法通過。張貴率軍強攻，將士一鼓作氣，先用強弩射向敵艦，然後用大斧短兵相接，衝破重重封鎖，元軍死者不計其數，宋軍勝利抵達襄陽城中。當時襄陽被困已有五年之久，二張入援成功，極大地鼓舞了城中軍民的鬥志。可是，總管張順在這次戰鬥中不幸陣亡，幾天以後，襄陽軍民打撈起他的遺體時他仍

然怒目圓睜。

　　張貴入援雖然給襄陽守軍帶來希望，但在元軍嚴密封鎖下，形勢仍然嚴峻。張貴聯絡郢州的殿帥范文虎，約定南北夾擊，打通襄陽外圍交通線，計劃由范文虎率精兵五千人駐龍尾洲接應，張貴率軍和范文虎會師。張貴辭別呂文煥後率領部隊三千餘人順漢水而下，但發現少了一名因犯軍令而被鞭笞的親兵，張貴察覺到計劃很可能已經外洩，只有迅速出擊，敵人或許還來不及得到消息。他們果斷地改變了行動計劃，連夜放炮開船，殺出了重圍。元軍得到張貴突圍的消息後迅速封鎖江面，張貴費了九牛二虎之力才得以接近龍尾洲，卻發現原來元軍早已占領了龍尾洲，以逸待勞。宋軍因極其疲憊，戰鬥中傷亡過大，張貴力不能支，被元軍俘獲，不屈被害。元軍派四名南宋降卒抬著張貴的屍體返回襄陽城中，企圖誘降呂文煥。呂文煥將二張合葬，並立雙廟祭祀。

　　咸淳八年（1272 年）秋，元軍為儘快攻下襄陽，採取了分割圍攻戰術。元將阿里海牙認為：「襄陽之有樊城，猶齒之有唇也。宜先攻樊城，樊城下則襄陽可不攻而得。」為切斷對襄陽的援助，元軍對樊城發起總攻。咸淳九年（1273 年）初，元軍分別從東北、西南方向進攻樊城，忽必烈又派遣炮匠至前線，造炮攻城。元軍燒燬了樊城與襄陽之間的江上浮橋，使襄陽城中援兵無法救援。劉整率戰艦抵達樊城下，用炮火打開樊城西南角，進入城內。南宋守將牛富率軍巷戰，終因寡不敵眾，投火殉職，樊城陷落。

　　樊城的陷落使襄陽城危在旦夕。襄陽城中軍民，陷入既無力固守，又沒有援兵的絕境。咸淳九年（1273 年）二月，阿里海牙由樊城攻打襄

陽，炮轟襄陽城樓，城中軍民人心動搖，將領紛紛出城投降。元軍在攻城的同時，又勸呂文煥投降，呂文煥感到孤立無援，遂舉城投降元朝，襄陽戰役宣告結束。

元軍攻占了襄陽，由此打開了南宋的大門。一二七九年，南宋殘部被元軍消滅，南宋滅亡。

「天下四聚」──漢口崛起

「天下四聚」是清朝時對國內最重要的四個商業中心城市的流行說法，它們是華北的北京、華南的佛山、華東的蘇州和華中的漢口。

漢口因地處漢江之口而得名。漢口在「四大名鎮」中最晚

漢口碼頭

形成，只有五百餘年歷史，然而發展卻最快。明初漢口一帶還是無人居住的蘆葦荒灘。到了明憲宗成化年間，漢水改道，主河道移至龜山之北，原來的漢陽自此形成南、北兩岸，南岸一側仍稱「漢陽」，北岸一側則稱之為「漢口」。此時，漢口終於迎來了人們蓋房定居。

嘉靖年間，漢口的人口不斷增加，已有城鎮居民區「坊」的出現，先後建起居仁、由義、循禮、大智四坊。隨後漢口正式設鎮，並設置漢口巡檢司對市鎮進行管理，這標誌著漢口鎮的形成和初具規模。

依九省通衢之便利，萬曆年間，湖廣地區的漕糧均在漢口交兌，同時，運銷湖廣的淮鹽也以漢口為轉運口岸。大批漕糧與淮鹽的轉運，以及隨之而來的商人集中、物資集散、貿易頻繁，使漢口的商業、交通運輸業、金融業迅速發展。到崇禎末年，漢口已經一躍為「九州名鎮」，成為「商船四集，貨物紛華，風景頗稱繁庶」的新的貿易中心。

明末清初，由於戰亂，漢口鎮一度陷入蕭條。到了康乾盛世時期，漢口鎮又迅速復甦，並繁盛起來，真正成為商業巨鎮。據考證，當時的漢口鎮人口達到二十多萬，超過武昌、漢陽而稱雄於華中商貿界。漢口既聚集各路商幫，又中轉各種貨物，商品流通的範圍幾乎遍及全國，可謂舟船如織，貨物山積，商賈如雲，一派「十里帆檣依市立，萬家燈火徹夜明」的繁華景象。「天下四聚」之說，也在這一時期盛行。《廣陽雜記》云：「天下有四聚，北則京師，南則佛山，東則蘇州，西則漢口。然東海之濱，蘇州而外，更有蕪湖、揚州、江寧、杭州以分其勢，西則唯漢口耳。」

此外，《皇朝經世文編》中還記載道：「漢口鎮為湖北衝要之地，商賈畢集，帆檣滿江，南方一大都會也。」「楚北漢口一鎮，尤通省市價之所視為消長，而人心之所因為動靜者也。戶口二十餘萬，五方雜處，百藝俱全，人類不一，日銷米穀不下數千。所幸地當孔道，雲貴川陝粵西湖南，處處相通，本省湖河，帆檣相屬。查該鎮鹽、當、米、木、花布、藥材六行最大，各省會館亦多，商有商總，客有客長，皆能經理各行各省之事。」可見當時的漢口是一個繁華的商業城市，在「天下四聚」中具有重要地位。

第三節・近現代風雲

　　翻開近代湖北歷史，從鴉片戰爭中林則徐武漢禁煙，到洋務運動中張之洞興辦軍工實業，從武昌起義拉開辛亥革命的大幕，到「八七」會議發布武裝鬥爭的宣言；從黃麻起義建立紅色政權，到劉鄧大軍躍進大別山吹響進軍全國號角……荊楚大地春潮澎湃，風起雲湧，事事敢為天下先。

林則徐武漢禁煙

　　林則徐（1785-1850）在廣東「虎門銷煙」的事蹟廣為人知，但林則徐的禁煙行動始於武漢卻鮮為人知。

　　一八三七年，林則徐出任湖廣總督。當時，鴉片氾濫已經成為一個嚴重的社會問題，到一八三八年左右，輸入中國的鴉片已增至四萬餘箱。並且鴉片貿易多是走私，在鴉片戰爭爆發前二十年，西方各國通過鴉片貿易至少從中國掠走白銀數百萬兩。對於吸食者而言，吸

林則徐像

食鴉片很容易上癮，一經上癮又很難戒除，時間長了會使人變得精神萎靡、骨瘦如柴，無法從事體力勞動，最終導致收支失衡、家庭破裂，進而引發一系列的社會問題。

一八三八年六月，鴻臚寺卿黃爵滋上書道光皇帝，痛陳煙毒之害，道光帝下令命各省督撫討論黃爵滋的奏摺。林則徐研讀了黃爵滋的奏摺後，堅決支持禁煙，並寫下了著名的《籌議嚴禁鴉片章程摺》。

林則徐對禁煙立場鮮明、態度堅決，在朝廷討論禁煙時便會同治下的湖北巡撫張岳崧、湖南巡撫陳寶箴，首先在以武漢為中心的兩湖地區開始禁煙。林則徐在武昌、漢口、漢陽、長沙等地專設禁煙局，查辦煙販、封閉煙館、收繳煙具煙膏，同時還積極研製戒煙藥品，供煙民解除毒癮。

林則徐發起的武漢禁煙運動，很快取得顯著成果。此間，僅在煙販朱運升的貨船上就收繳煙土一二〇〇餘兩、煙膏八百餘兩。隨後漢陽又查獲煙土煙膏萬餘兩「暫貯藩庫」。一時間，漢陽成為禁煙禁毒的先進地區。漢口、武昌後來居上，兩地禁煙局在邱第祥棧房查獲煙土二〇七〇兩；在余萬順樓房內查獲煙販范永隆、鍾亞長煙土共一九七〇兩；在煙販傅桂芳處查獲煙土五百兩，在已潛逃的煙販鄒阿三、馮奉金、樊益隆留下的皮箱、木箱、夾層床內搜出煙土共五一二〇兩。懾於禁煙禁毒的強大聲勢，煙販和吸食者紛紛投案自首，僅邵錦璋一人就交出煙土二千餘兩。後來查獲和煙販自行交出的煙土累計達一萬二千餘兩。

一八三八年十月二十七日，林則徐帶湖北巡撫、布政使張岳崧親自督陣，在武昌閱馬場將收繳的煙膏煙槍集中搗碎焚燒，然後倒入大江。武漢市民紛紛圍觀，烈焰起時，歡聲震天。《紙園筆記》記載當時「武昌漢陽所繳出煙土及搜獲煙槍斗之具堆聚如山，付之一炬」，觀者無不稱快。不少吸食鴉片者戒煙斷癮後，「顏面發胖，筋力復強」，「並有庶民婦女在路邊叩頭致謝」。

一時間，武漢及兩湖地區風清氣正，秩序井然，社會生產有了顯著改善。然而，林則徐禁煙雖取得顯著成效，朝廷卻仍對是否禁煙猶豫不決，遲遲不動，林則徐便再次上奏道光帝，情真意切地力陳道：若再任鴉片氾濫，數十年後中原再無可禦敵之兵，且無可充餉之銀。道光帝為之所感所驚，召林則徐入京。一八三八年十一月二十七日，林則徐從武漢啟程進京。入京後，道光帝先後八次召見了林則徐，遂下令禁煙，並任命林則徐赴廣東禁煙。次年，虎門燃起銷煙之火，掀開了近代中國反對外國侵略的鬥爭畫卷。

漢口開埠

漫步漢口沿江大道中段，一座座歐式建築映入眼簾，這便是近代歷史上英、德、俄、法、日等國租界的遺存，是漢口的「國中之國」。

第二次鴉片戰爭戰敗後，清政府與英、法等國簽訂屈辱的《天津條約》，增開的通商口岸中就有漢口，但漢口正式開埠則是在一八六一年。

一九二四年的漢口租界

一八六一年三月七日，英國官員威利斯及上海寶順洋行行主韋伯等十餘人，乘英國火輪船駛抵漢口，會見湖廣總督，自稱由上海來漢，查看地勢，立行通商。這次立行通商揭開了漢口開埠的序幕。三月二十一日，英國海軍提督賀布、參贊巴夏禮與漢陽知府簽訂《英國漢口租地原約》，劃定租界界址。四月二

十七日，上海英領事署宣布「漢口、九江關為商埠，設置領事」。不久，英國首任駐漢領事金執爾抵漢，設置領事館，漢口正式開埠通商。

漢口開埠後，在今江漢路江漢關至黃浦路範圍內，由西南向東北建立起了租界，先後有十二個國家在這裡設立領事館，英、德、俄、法、日五國在此劃定了租界。當時，漢口外國的洋行商號主要從事進出口貿易，他們在武漢收購土特產、原料和半成品輸往國外，又從西方各國進口洋貨，並通過漢口向中國內地各省分傾銷。西方列強還在武漢興建了二十多個出口商品加工廠，在漢口沿江一線修建碼頭和港區倉庫，使漢口的商貿活動擴展至沿江一線，將漢口變為中國內陸通往上海進行對外貿易的最大中轉中心。

憑藉九省通衢的地理區位優勢，漢口迅速成為長江沿岸對外通商的主要口岸之一，同時也成為我國內地最大的工商業中心。二十世紀初葉，漢口的對外貿易總額始終占全國外貿總額的十分之一左右，穩居全國第二位，成為當時唯一可與沿海幾大通商口岸匹敵的內地口岸。

不可否認，漢口開埠是由於戰爭和屈辱的不平等條約，但漢口開埠徹底地改變了城市性質，使漢口逐漸從以農業文明為基礎的封閉型市鎮，轉化為外向型通商港口，從以農產品集散加工為主的內地工商業市鎮，轉向半殖民地半封建的近代都市。

近代工業崛起

近代武漢不僅是重要的交通樞紐和商貿重鎮，也是中國近代工業發祥地之一。洋務運動時期，清朝湖廣總督張之洞在漢興辦軍工實業，推動

湖北近代工業迅速繁榮，成績斐然。

　　張之洞作為中國近代工業的奠基人，其大辦近代工業始於廣州而興於武漢。一八八九年，張之洞在督粵期間認真總結中法戰爭的教訓，積極在廣州籌建槍炮、煉鐵、紡織等廠。此時，清廷調他擔任湖廣總督。由於接任的兩廣總督對辦廠不感興趣，經過清廷的批准，這些工廠便隨張之洞遷建到武漢。從一八八九年至一九〇六年，張之洞在武漢期間，主要興辦了湖北槍炮廠、漢陽鐵廠和織布、紡紗、繅絲、製麻四官局。

　　鋼鐵是軍工強國的基礎。張之洞在武漢興辦的規模最大的工廠當屬漢陽鐵廠。該廠於一八九一年一月動工建造，廠址設在漢陽龜山腳下。一八九三年冬，漢陽鐵廠及其各分廠陸續建成，包括生鐵廠、熟鐵廠、貝色麻鋼廠、西門子鋼廠、軋鋼廠、鐵貨廠六個大廠，以及機器、鑄鐵、打鐵、魚片加工、鉤針、打銅、翻砂、木模、鍋爐九個小廠。一八九四年五月，鐵廠投產出鐵，日產五十餘噸，多時可達六十至七十噸；煉鋼爐也開始出鋼，各廠機器均開始運轉生產。至一八九五年十月中旬，全廠共生產鐵五六六〇餘噸、鋼一三九〇餘噸。然而由於甲午中日戰爭中

漢陽鐵廠

國失敗，清政府要賠款二億兩白銀，漢陽鐵廠只好招商承辦，尋找出路。一八九六年四月十一日，鐵廠正式改為官督商辦，交由盛宣懷承辦。一九〇八年三月，盛宣懷在對鐵廠進行整頓擴建的基礎上，又將漢陽鐵廠、大冶鐵礦和萍鄉煤礦聯合起來，組成漢冶萍煤鐵廠礦公司，改官督商辦為商辦，漢陽鐵廠隨之進入發展高峰期。在辛亥革命前夕，漢陽鐵廠年產鋼已達七萬噸，擁有工人約三千餘人；大冶鐵礦年產鐵礦石五十萬噸，擁有工人一千餘人；萍鄉煤礦年產煤六十萬噸，擁有工人三千餘人。漢冶萍煤鐵廠礦公司在當時不僅是全中國規模最大的鋼鐵聯合企業，而且在遠東乃至全世界也是數一數二的大企業，比日本一九四一年興辦的八幡製鐵所規模要大得多。

開辦漢陽鐵廠的同時，張之洞也在著手建立國人自己的兵工廠——湖北槍炮廠。一八九〇年，他選定漢陽龜山北麓為廠址，派專人督工監造，除在廣東訂購機器設備外，又製造和添購了不少新機器，開辦經費計七十餘萬兩庫平銀，常年經費達五十萬兩庫平銀左右，一八九〇至一八九七年間，實用庫平銀共二一〇餘萬兩。從一八九四年開始投產至一九〇七年的十餘年間，共造步馬槍十一萬餘支、槍彈四千萬餘發、炮九八五尊、砲彈九十八萬餘發，其產品七九步槍被稱為「漢陽造」，為軍工產品名牌。一直到抗日戰爭時期，中國士兵還在使用「漢陽造」。其後，湖北槍炮廠先後改名為「湖北兵工廠」和「漢陽兵工廠」。

紡織工業是張之洞在武漢興辦的第三大近代工業。在舊中國，個體手

湖北兵工廠正門

工經營的棉、麻、絲紡織業歷史悠久。但是近代以來，傳統紡織業受到西方國家傾銷而至的物美價廉的洋紗、洋布的強烈衝擊，國內紡織工業市場萎縮，前途堪憂。為挽救民族工業，同時補充國庫財政所需，張之洞在武漢興建了織布、紡紗、繅絲、製麻四官局。

首先成立的是湖北織布官局，廠址在武昌文昌門外，一八九一年一月一日開工建廠，一八九三年一月正式投產。當時，全局擁有布機一千台，紗錠三萬枚，工人二千五百名，並聘用外國技師做技術指導。一八九三至一九○一年間，織布官局共生產原色布 330916 匹、斜紋布 11785 匹、棉紗 135702 擔。織布官局投產後，所出紗布產銷兩旺，供不應求，每年都有盈餘。隨後，張之洞又採取官商合辦或官督商辦的辦法興建了湖北紡紗官局、湖北繅絲官局、湖北製麻官局，由此構成了比較完整的近代紡織工業體系。

除此之外，張之洞還在武漢地區先後興辦造紙、製釘、製磚等近十個中小型近代工業作為三大工業的衛星群。與此同時，他還全面推行城市建設、交通建設、文化教育建設等一系列「湖北新政」，促使近代武漢地區出現一派生氣蓬勃的景象。

武昌起義

一九九一年十月十日，武昌爆發了一起震驚中外的大事件。一批名不見經傳的新軍士兵，在孫中山領導的革命運動的影響下，揭竿而起，打響了鋒芒直指清王朝的起義第一槍，拉開了辛亥革命的大幕。這便是著名的武昌起義，也稱「辛亥首義」或「武昌首義」。

一八四〇年鴉片戰爭
以後，中國淪為半殖民地
半封建社會，帝國主義同
中華民族的矛盾日益加
劇，腐敗的清朝統治者對
外妥協投降、對內橫徵暴
斂，促使階級矛盾空前激
化。各地人民群眾奮起反
抗，革命鬥爭風起雲湧。
在孫中山的領導和影響

辛亥革命武昌起義軍政府舊址

下，大批愛國志士因振興家國的理想而聚集，他們組織各種革命團體，
傳播革命思想，興起進步潮流，不斷開展武裝起義，雖然起義屢遭失
敗，但都起到了宣傳革命、振奮人心的作用，有力地推動了革命大勢的
形成。

一九〇四年七月，武昌出現了第一個革命團體——科學補習所，隨後
又陸續成立了日知會、文學社、共進會等組織。革命黨人深入新軍開展
宣傳，發展革命組織。通過長期艱苦的工作，革命黨人逐漸控制了新軍
的領導權，到起義前夕，新軍中三分之一的士兵都加入了革命隊伍，這
些士兵在武昌起義中發揮著支柱性作用。一九一一年四月，廣州黃花崗
起義失敗後，同盟會領導人決定把革命的主要陣地轉移到長江流域。同
年五月，武漢新軍中的一大部分士兵被調去鎮壓聲勢浩大的四川保路運
動，武漢的防禦力量薄弱，這為武昌起義提供了絕佳的條件。

一九一一年九月二十四日，文學社與共進會在武昌舉行聯席會議，明

確了起義的領導機構即臨時總司令部，任命文學社領袖蔣翊武為臨時總司令、共進會領袖孫武為參謀長。會議原定十月六日（當天是中秋節）起義，後因準備不足，決定將起義日期推遲十天。

十月九日，孫武等人在漢口俄租界寶善里趕製炸彈時不慎引發爆炸，引來了俄國巡捕的干預，起義文件、印信、旗幟等重要機密物件被搜走，並轉給了清朝地方政府湖廣總督署。蔣翊武得知此消息，立即召開緊急會議，決定於當晚發動起義。但這道命令還沒有傳達到基層，清政府就已將起義總部及其他機關破壞。當晚，起義領袖彭楚藩等三人被捕並慘遭殺害，其餘革命黨人也隨時都有被捕的危險。湖廣總督瑞澂命令緊閉城門，搜捕革命黨人，革命形勢異常嚴峻。

在這緊急關頭，新軍中的革命黨人決心奮起反抗。十日晚七時許，武昌城內新軍工程第八營革命黨的總代表熊秉坤領導該營打響了辛亥革命的第一槍。他率部占領楚望台軍械局後，許多鄰近兵營的革命黨人也率部奔赴楚望台，楚望台頓時成為起義部隊的大本營。為了加強指揮，大家推舉工程八營左隊隊官吳兆麟為臨時總指揮，熊秉坤為副總指揮。當晚十點，吳兆麟下令進攻湖廣總督署，革命軍分三路向湖廣總督署發起猛攻。經過一夜的激戰，起義軍終於在黎明前攻下總督署，並於當天攻占武昌全城。十月十一日晚至十二日凌晨，革命軍先後占領了一江之隔的漢陽和漢口，武漢三鎮完全掌握在革命軍手中。湖北革命黨人經過多年的不懈努

武昌起義紀念雕像

力，終於迎來了武昌起義的勝利。

武昌起義攻克湖廣總督府，占領武漢，消滅清軍大批有生力量，在中國腹地打開一個缺口，成為對清王朝發動總攻的突破口，並在全國燃起了革命的烈火。武昌起義勝利後，湖南、陝西、江西等省紛紛宣布獨立。一九一二年一月一日，孫中山在南京就任中華民國臨時政府大總統。同年二月十二日，清帝溥儀退位，中國結束了清王朝的封建統治和兩千餘年的封建帝制。辛亥革命給封建專制制度以致命的一擊，推動了歷史的進程，這也是武昌起義的偉大功績。

武漢共產主義小組成立

武昌戶部巷附近的民主路和長江大橋武昌引橋下的黃鶴樓南路總是車水馬龍，但鮮有人知曉這裡曾發生過驚天動地的故事。九十多年前，民主路九十七號，也就是當年的撫院街九十七號，是董必武、張國恩的寓所，武漢共產主義小組就在這裡誕生；黃鶴樓南路上曾有家「劉芬律師事務所」，是武漢共產主義小組的辦公機關。

陳潭秋

五四運動以來，馬克思主義得到一定的傳播，一批先進的知識分子逐漸成為早期的馬克思主義者。一九一九年八月，董必武、陳潭秋等在武昌開辦了私立武漢中學，並通過這個陣地向工農子弟宣傳馬克思主義，開展革命活動。

一九二〇年八月，上海成立了中國第一個共產主義小組，擔負起聯絡各地籌備成立共產主義小組，進而籌建中國共產黨的偉大使命。擁有良好革命條件的武漢，成為工作重心所在。湖北鄂城人劉伯垂（又名劉芬）在上海由陳獨秀介紹入黨，成為湖北的第一個中共黨員。隨後，劉伯垂受陳獨秀的委託回到武漢，聯絡接受共產主義思想的知識分子，開展建黨工作。之後，劉伯垂在武漢與董必武等人取得聯繫，共同討論建黨的相關事宜。

一九二〇年十月，武漢共產主義小組在武昌撫院街九十七號宣布成立，在劉伯垂的主持下，董必武、陳潭秋、包惠僧、張國恩、鄭凱卿、趙子健參加了會議。會上，劉伯垂介紹了上海共產主義小組的成立經過，然後傳閱了一份他從上海帶回來的《中國共產黨黨綱草案》。劉伯垂從上海帶來的還有幾本介紹社會主義和俄國十月革命的小冊子，這些通俗讀物就是會議上的學習內容。會議決定了黨小組的組織生活要「每星期開會一次」，「每次會議要作報告，或讀書報告或國內外時事報告」，並推選確定小組負責人是包惠僧和陳潭秋，一個是書記，一個負責組織工作。為了避免引起注意，會議決定租用武昌多公祠五號作為共產主義小組的活動機關，門前掛起「劉芬律師事務所」的牌子，以作掩護。

武漢共產主義小組成立後，把學習傳播馬克思主義作為一項重要任務，不久就組建了馬克思主義研究會，作為公開的活動團體，小組成員在武漢中學、武昌高師、省立一師和省立女師等學校組織進步學生參加研究會，宣傳馬克思主義。

與此同時，陳獨秀、李漢俊等在上海組織成立了社會主義青年團，董必武與陳潭秋隨即在武漢中學建立起武昌社會主義青年團，作為先進青

私立武漢中學校舊址

年的組織和黨組織的預備學校。十一月七日，俄國十月革命紀念日那天，由董必武、陳潭秋、包惠僧、劉伯垂、李書渠等發起，在武漢中學召開了武昌社會主義青年團第一次會議。董必武在會上做了熱情洋溢的演說。

　　為了擴大組織力量，武漢共產主義小組先後發展了失業工人趙子俊，進步教員劉子通、黃負生入黨。同時，武漢共產主義小組積極組織工人運動，包惠僧提出了「通過勞工教育、勞工組合、勞工俱樂部來提高工人的覺悟」的主張。隨後，武漢共產主義小組在紗廠、煙廠、兵工廠等開辦了「平民夜校」和「識字班」，在工人階級中廣泛傳播馬克思主義。從此，武漢地區的革命活動逐漸變得活躍。

到一九二一年，全國已有六個共產主義小組，這為中國共產黨的成立提供了重要條件。當年七月，董必武、陳潭秋作為武漢代表赴上海參加中共一大，中國共產黨誕生了。董必武和陳潭秋返回武漢後建立了武漢地方委員會，武漢從此有了中國共產黨的正式組織。

「二七」大罷工

在武漢解放大道二七路車站旁邊有一座不起眼的青瓦房，大門左側刻有「京漢鐵路總工會舊址」字樣，這裡就是著名的「二七」大罷工總指揮部。

一九二三年二月一日，京漢鐵路工人總工會成立大會在河南鄭州舉行。中共中央對這次大會非常重視，派出張國燾、陳潭秋、羅章龍、包惠僧、林育南等人出席大會。然而，成立大會遭到軍閥吳佩孚的阻攔和破壞，他派出大批荷槍實彈的軍警在鄭州全城戒嚴，以圖阻止工會成立。軍閥的行為激起了與會代表的憤怒，他們不畏生死，衝破軍警的重重包圍，衝進會場，宣布京漢鐵路總工會正式成立。「京漢鐵路總工會萬歲」「勞動階級勝利萬歲」等口號響徹整個會場。大會召開不久，全副武裝的軍警包圍了會場，並搗毀總工會和鄭州分會會所，驅趕代表。於是，京漢鐵路總工會執委會於當晚祕密召開會議，決定將總工會臨時總辦公處轉移到漢口，並決定自二月四日起舉行京漢鐵路全體總罷工。當晚，總工會負責人與武漢代表乘車南下漢口，緊鑼密鼓地展開了罷工籌備工作。

二月四日，隨著京漢鐵路總工會江岸分會委員長、共產黨員林祥謙一

聲令下，火車司機黃正興在江岸機車修理廠拉響了鐵路工人總罷工的第一聲汽笛。緊接著，鄭州、長辛店等地鐵路工人積極響應，客車、貨車、軍車一律停駛，全長一千二百多公里的京漢鐵路就此癱瘓。總工會發表特別緊急啟事與總罷工宣言，向全國人民揭露吳佩孚破壞總工會成立大會的罪行，從賠償損失、維護工人權益等方面提出了五項要求。

林祥謙

在黨組織和總工會的領導下，罷工活動有秩序地進行。罷工工人向旅客散發傳單，說明工人的自由權被摧殘，不得已而罷工，取得旅客的同情和支持。各地工人分會還成立了糾察隊、調查隊和演講隊等組織，分工協作，維持罷工秩序。

京漢鐵路工人大罷工引起了帝國主義和反動軍閥的恐慌。吳佩孚在帝國主義支持下，決心用武力鎮壓大罷工。二月五日，吳佩孚急電湖北督軍肖耀南，命令其對罷工實行「武力制止」。當天，肖耀南派漢黃鎮守使署參謀長張厚生率軍警到江岸強迫工人開車，並威脅工會交出京漢鐵路總工會與江岸分會負責人楊德甫、林祥謙、羅海澄、朱蘭田、張濂光五人。同時，軍閥調集軍隊大肆搜捕罷工工人。但軍警的刺刀並沒有嚇倒罷工工人，工人們仍然堅持鬥爭。

二月七日，吳佩孚痛下毒手。肖耀南以調解工潮為藉口將工會代表誘騙到江岸工會會所，卻在途中進行殘忍捕殺，赤手空拳的工人糾察隊當

京漢鐵路總工會舊址

場被打死四十多人、打傷二百多人，共產黨員林祥謙等七十餘人被捕，這就是震驚中外的「二七」慘案。慘案中，反動軍警將林祥謙等人押到江岸車站，捆綁在站台的電線杆上，用大刀逼迫林祥謙下令復工。林祥謙高呼：「我的頭可斷，工是不能上的！」為了工人階級的利益，林祥謙寧死不屈，英勇就義。在武昌，共產黨員、武漢工團聯合法律顧問施洋也在敵人的法庭上慷慨陳詞，視死如歸，最終英勇就義。

慘案發生後，中國共產黨即刻發表《為吳佩孚慘殺京漢鐵路工人告工人階級與國民書》，號召全國人民團結起來，為自由而奮鬥。儘管反動軍閥到處抓捕工人，用恐怖手段強迫工人復工，但工人們堅持鬥爭，在沒有得到總工會復工命令前決不復工。直到二月九日，為了減少不必要的損失，為將來的鬥爭做準備，京漢鐵路總工會決定結束罷工，勸告廣大工人暫時忍痛復工。在這場鬥爭中，京漢鐵路各地工人死五十餘人，傷數百人，被捕和被迫流亡的有一千餘人。

「二七」大罷工是中國共產黨領導的第一次工人運動高潮的頂點，可歌可泣的革命先輩用鮮血和生命譜寫了中國工人運動史上光輝燦爛的一頁。這次大罷工顯示了中國工人階級的強大力量，擴大了中國共產黨在全國的影響。它雖然失敗了，但工人用生命和鮮血進一步喚醒了中國人

民，使他們更清醒地認識到帝國主義和封建軍閥是中國各族人民不共戴天的敵人，必須與之鬥爭到底。

汀泗橋和賀勝橋戰役

國民革命軍在北伐途中於湖北咸寧的汀泗橋、賀勝橋與直系軍閥吳佩孚展開了一場激烈的戰鬥，在中國近代史上書寫下濃墨重彩的一頁。

一九二六年，國民革命軍於廣州誓師北伐之初，其軍事力量與吳佩孚、張作霖、孫傳芳三大軍閥相比，處於明顯的敵強我弱的態勢。據此，北伐軍採取了先打吳佩孚、再打孫傳芳的戰略部署。於是，國民革

汀泗軍魂｜吳濤攝

命軍入湘作戰，攻克湖南以後便迅速形成挺進湖北、直逼武漢的態勢。為了打開通往武漢的道路，肅清湖北境內的軍閥，國民革命軍分幾路向武漢進逼，其中共產黨人葉挺率領的獨立團所在的國民革命軍第四軍，從湖南進入湖北後，從蒲圻（今湖北赤壁市）的中伙鋪、官塘驛一帶一直追敵至咸寧汀泗橋與敵人展開了激戰，史稱「汀泗橋戰役」。

汀泗橋鎮是當時粵漢鐵路線上的一個小鎮，位於武昌以南約六十公里，地勢險要，易守難攻，東、西、北三面環水，東面山嶺築有堅固的工事，素有天險之稱，是由湖南進入湖北武漢的第一道門戶。為此，吳佩孚在汀泗橋集中約兩萬兵力，企圖依託汀泗橋的險要地形和堅固工事，阻止北伐軍向北挺進。

八月二十三日，國民革命軍組成三路大軍對吳佩孚重兵把守的汀泗橋地區展開猛烈的進攻。其中，第四軍於二十四日從通城出發，二十五日占領中伙鋪車站，控制粵漢鐵路。第七軍、第八軍集結在附近予以策應。二十六日凌晨，各部向汀泗橋敵軍發起進攻。但由於敵軍憑藉天險死守待援，戰鬥進行得異常激烈，從清晨一直激戰到傍晚，並未取得實質性的進展。北伐軍連續衝鋒十多次，傷亡重大。此時，吳佩孚南下援軍將至，軍情緊迫。

危急時刻，指揮部把擔任預備隊的葉挺獨立團調了上來。葉挺冷靜地觀察戰場形勢，發現正面硬攻很難奏效，只有側翼包抄、攻敵後背方可取勝。在夜幕的掩護下，葉挺率領獨立團經由當地一農民帶路，悄悄接近敵人陣地後方的古塘角，發起突然進攻。突襲令敵軍猝不及防，吳佩孚連呼：「怎麼可能？怎麼可能？」與此同時，第四軍、第七軍也發起進攻。遭受腹背夾擊的直系部隊兵敗如山倒，紛紛後退。八月二十七日，

北伐軍終於拿下汀泗橋。此次戰鬥中殲敵千餘人，俘獲敵軍官一五七人、士兵二二九六人，繳獲大砲四門、機槍九挺、步槍一千六百支。

汀泗橋戰役後，葉挺獨立團向賀勝橋乘勝追擊。吳佩孚親自率軍主力趕赴賀勝橋迎戰。八月二十九日，國民革命軍第四軍、第七軍向賀勝橋發起攻擊，葉挺獨立團在楊林塘突破吳軍主陣地防線，其他各部迅速擴大戰果擊潰吳軍，於三十日占領賀勝橋。至此，通向武漢的大門被徹底打開。

北伐軍在汀泗橋、賀勝橋戰役中，衝鋒陷陣，英勇無畏，以少勝多，重創強敵，挫敗了吳佩孚的囂張氣焰，壯大了北伐軍的聲威。第四軍特別是葉挺所率領的獨立團作為兩場戰役的主力，英勇殺敵、屢立奇功，為獨立團贏得了「鐵軍」稱號。團長葉挺也因此被譽為「北伐名將」。

「八七」會議

第一次國共合作破裂之後，大批共產黨員和革命群眾慘遭屠殺，中國革命到了生死存亡的關鍵時刻。一九二七年八月七日，中共中央在湖北漢口舉行緊急會議，批判陳獨秀的右傾投降主義錯誤，討論了土地革命和武裝鬥爭等問題。毛澤東就是在這次會議上第一次明確提出「槍桿子裡面出政權」的著名論斷。具有轉折性意義的土地革命戰爭也就此逐漸興起。這就是著名的「八七」會議。

「八七」會議會址，位於漢口鄱陽街一三九號。這是一幢二十世紀二〇年代初建造的三層西式公寓，門前有鄧小平所題「八七會議會址」幾個金色大字。

「八七」會議是我黨歷史上一次十分重要且不同尋常的會議。中國共產黨自一九二一年成立到召開「八七」會議期間曾開會一千二百餘次，然而，「八七」會議卻是唯一一次在具有歷史轉折意義的生死存亡之際、在白色恐怖籠罩的險境中，在短短一天的時間內，解決重大問題，挽救黨、挽救革命的重要會議。

一九二七年七月，鄧小平、瞿秋白與李維漢一起，在漢口祕密籌備召開緊急會議以挽救革命。他們把緊急會議的地址選在漢口俄租界三教街四十一號。這裡是蘇聯援華農業顧問洛卓莫夫夫婦的住宅。這幢房屋宅前臨僻靜街道，後門通小巷，屋頂涼臺與鄰居涼臺相連，如遇緊急情況方便撤離。

「八七」會議會址｜唐白樺攝

由於當時白色恐怖異常嚴重，交通不便，時間緊迫，所以參加這次會議的只有瞿秋白、李維漢、毛澤東、張太雷、鄧中夏、任弼時、蘇兆徵、羅亦農、陳喬年、蔡和森、鄧小平等二十一人。

會議開始後，李維漢宣布了會議的三項議程：一是由共產國際代表羅明納茲作報告，二是由瞿秋白代表常委做黨的將來工作方針的報告，三是改選臨時中央政治局。

大會發言中，毛澤東從國共合作時黨沒有堅持政治上的獨立性、黨中央不傾聽下級和群眾意見、抑制農民革命、放棄軍事和政權領導四個方面批評陳獨秀的右傾錯誤。他在發言中還提出了兩個非常重要的問題，一是軍事鬥爭問題。他批評過去「不做軍事運動專做民眾運動」的偏向，提出「以後要非常注意軍事，須知政權是由槍桿子中取得的」。二是農民土地問題。他提出要根本取消地主所有制，這一建議符合湘鄂粵贛一帶的土地占有情況，為日後開展土地革命奠定了認識上的基礎。

會議選舉了新的臨時中央政治局：政治局委員為蘇兆徵、向忠發、瞿秋白、羅亦農、顧順章、王荷波、李維漢、彭湃、任弼時；候補委員為鄧中夏、周恩來、毛澤東、彭公達、張太雷、張國燾、李立三。

八月九日，臨時中央政治局第一次會議選舉瞿秋白、李維漢、蘇兆徵為政治局常委，確定由瞿秋白主持中央工作。

「八七」會議結束了陳獨秀右傾機會主義路線在黨內的領導地位，確立了土地革命和武裝反抗國民黨反動派的總方針，成為由大革命失敗到土地革命戰爭興起的歷史轉變的標誌，使黨在革命中前進了一大步。

黃麻起義

「小小黃安，人人好漢。銅鑼一響，四十八萬。男將打仗，女將送飯。」

每當唱起這首革命歌謠，就彷彿回到了一九二七年的紅安。人民群眾在黨的領導下，發動了著名的「黃麻起義」，數萬民眾揭竿而起。

黨的「八七」會議後，中共湖北黃安縣委和麻城縣委為貫徹「八七」會議關於武裝起義的總方針和「秋收暴動計劃」，從一九二七年九月下旬起發動農民打擊土豪劣紳、沒收地主財產，進行秋收起義。但由於缺乏足夠的思想準備和武裝起義的經驗，再加上國民黨軍隊的干擾，起義很快就陷入困境。

在這種情況下，共產黨人沒有氣餒。十月中旬，中共湖北省委得知黃

黃麻起義和鄂豫皖蘇區紀念園

麻地區尚有相當數量的武裝力量和良好的群眾基礎之後，先後派符向一、劉鎮一、吳光浩、王志仁等到黃麻地區加強起義領導，成立了以符向一為書記的特別區委員會，並組成以潘忠汝為總指揮的起義指揮部，積極進行再次起義的準備。

十一月十三日，鄂東特委召開緊急會議，決定以武裝鬥爭的方法最終奪取黃安縣城。指揮部決定，先組成七十人的突擊隊，由吳光浩率領潛入城內，準備裡應外合。當晚十點，潘忠汝、戴克敏率領農民自衛軍、農民義勇隊向黃安縣城進發。

十一月十四日凌晨四時，起義武裝在黃安城內群眾配合下，由城西北角攀梯而上，一舉攻入縣城，合殲城內反動武裝警備隊，繳獲槍枝彈藥等戰利品，活捉偽縣長賀守忠等十五人，打開監獄，釋放被捕的農協幹部和革命群眾。黃麻起義取得成功，土地革命勝利的旗幟終於插上了古老的黃安城頭！當日下午四時，國民黨軍一個團向黃安縣城開進。為避敵鋒芒，下午六時，起義隊伍撤回七里坪休整。進占黃安城的國民黨軍懼怕起義隊伍再次進攻，於次日晚棄城退走。

十六日，起義隊伍從七里坪出發，浩浩蕩蕩開進黃安縣城。十八日，中共黃麻特委在城南校場崗舉行萬人大會，宣告黃安縣農民政府成立，頒布《黃安縣農民政府施政綱領》，宣布實行土地革命。同時，黃安、麻城兩縣農民自衛軍在中共湖北省委的領導下整編成工農革命軍鄂東軍。

在黨的領導下，黃安縣城迅速建立秩序，商店照常營業，學校繼續上課，縣總工會及工人糾察隊擔負起維持秩序的工作。整個起義勝利的喜訊很快就傳遍鄂東。當地一名小學教員創作的民歌迅速流傳開來：「八月

桂花遍地開，鮮紅的旗幟樹起來。張燈又結綵，光輝燦爛閃出新世界。親愛的工友們，親愛的農友們，唱一曲《國際歌》，慶祝蘇維埃！」

黃麻起義復原油畫

黃麻起義的勝利，對國民黨反動派產生了極大震撼，他們立即調動軍隊進行多次反撲。十二月五日，國民黨軍隊突襲黃安縣城。鄂東軍與敵軍進行了英勇戰鬥，終因寡不敵眾而失敗，黃安縣城再次陷於敵手。鄂東軍蒙受慘重的損失，王志仁、潘忠汝等革命志士犧牲。接著，敵軍對黃麻起義地區瘋狂進行「清剿」。十二月下旬，黃麻地區黨組織和鄂東軍領導人召開會議，決定留部分人員就地堅持鬥爭，集中七十二人攜帶長短槍五十餘支，趁夜轉移到黃陂縣（今武漢市黃陂區）木蘭山一帶開展游擊活動。

黃麻起義有力地揭開了鄂豫皖地區武裝鬥爭、土地革命和蘇維埃政權建設的序幕，為鄂豫皖革命根據地的創建和紅四方面軍的建立起到了先導作用，在中國革命史上寫下了光輝的一頁。

武漢會戰

熱血沸騰在鄱陽，火花飛迸在長江，人民發出了暴烈的吼聲，「保衛大武漢」的口號響徹三鎮。

當國家到了最危險的時刻，人們總會被民族精神喚醒。在武漢最緊要的關頭，武漢軍民同仇敵愾，誓與武漢共存亡。

一九三八年六月至十月，中國軍隊在武漢地區同日本侵略軍展開大規模會戰，史稱「武漢會戰」。這場保衛戰裡，中國軍隊浴血奮戰，以傷亡四十餘萬的代價，斃傷日軍二十五點七餘萬，將日本侵略者拖入了持久戰的泥潭。

七七事變之後，日本發動了全面的侵華戰爭。一九三七年十一月，南京國民政府西遷重慶，但大部分政府機關和軍事統帥部卻位於武漢，武漢實際上成了當時全國軍事、政治中心和戰時首都。因此日軍企圖迅速攻取武漢，以儘快結束戰爭。

這一時期，為了抵禦民族大敵，保衛大武漢，國共雙方進一步加強合作。在徐州會戰前，中國共產黨就明確提出了保衛武漢的任務，在武漢成立了武漢青年報國團和中國抗日先鋒隊，在漢口設立八路軍辦事處，並派周恩來、董必武等中國共產黨骨幹前往武漢工作，加強與國民黨的配合，並進行廣泛的抗戰宣傳工作，從而團結一切可以團結的力量。

會戰開始之前，國民政府軍委會制定了保衛武漢的戰略方針和作戰計劃，其中心思想是立足外線，保持部隊高度的機動性，利用地形和工事，逐次抵抗消耗日軍，以空間換時間，最後轉變敵攻我守的戰爭態勢。按此計劃，蔣介石指揮第五、第九戰區約一百萬人應敵。

此時，日軍在華中地區集中了十四個師團的兵力。直接參加武漢作戰的是第二集團軍和第十一集團軍，共九個師團約二十五萬餘人，同時派出海軍第三艦隊和航空兵團，約有艦艇一二〇艘，飛機三百架。

面對日軍的瘋狂進攻，中國軍隊萬眾一心，同仇敵愾，浴血奮戰。從六月開始，中國軍隊在武漢外圍，沿長江南北兩岸，與日軍展開了長期的大規模作戰。由於中國軍隊的頑強抵抗，各路日軍在付出慘重代價後，遲至十月底才完成對武漢的三面包圍。從持久抗戰的戰略角度出發，為保存軍力以利長期抗戰，中國軍隊被迫於十月二十五日撤離武漢。在中國軍隊撤離後，十月二十六日，日軍占領漢口、武昌，二十七日占領漢陽，武漢會戰遂告結束。

武漢保衛戰中，中國軍人用高射機槍向日軍飛機射擊

武漢會戰，從日軍攻占安慶開始到武漢失守為止，歷時四個半月，大大消耗了日軍的有生力量，打破了日本侵略者妄圖迫使中國屈服、早日結束戰爭的計劃，成為中國抗日戰爭的重要轉折點。武漢會戰結束後，中國的抗日戰爭進入戰略相持階段。

中原突圍

抗戰勝利後，飽經戰亂之苦的中國人民表達出對和平、民主等的無比嚮往。中國共產黨代表人民的意願，向國民黨提出了和平、民主、團結的主張。毛澤東親赴重慶進行和談，與國民黨簽訂了「雙十協定」。但是，國民黨反動派為了獨占抗戰勝利果實，繼續實行專制獨裁的反動統治，竟憑藉其優勢兵力和美國援助，調兵遣將，向解放區大舉進犯。中原解放區由於地處全國解放區前哨，雄踞華中腹地，扼制著國民黨軍隊

出川的咽喉，戰略地位十分重要，因而成為國民黨軍隊進攻的第一個目標。

一九四六年，國民黨軍隊對中原部隊的包圍圈日漸緊縮，將中原軍區部隊六萬餘人包圍在以宣化店為中心、方圓不足百里的狹長地帶，中原解放區的面積只有原來的十分之一。為了避免內戰，中共中央曾多次與國民黨談判，表示願意讓出中原解放區，將部隊轉移至其他解放區去。但蔣介石卻一意孤行，不斷加緊調動部隊，至六月下旬，蔣介石用於包圍中原軍區的兵力已增至十個整編師，約三十萬人。一九四六年六月二十六日，蔣介石撕毀國共雙方於一月間達成的《停戰協定》，任命劉峙為進攻中原解放軍的總指揮，於七月一日發起總攻擊，妄圖在「四十八小時內，一舉包圍殲滅」我中原部隊主力。

其實，中原部隊完全可以在敵人尚未形成包圍圈之前，安全轉移到其他解放區。但黨中央從全國戰局的大棋盤上看到，中原軍區部隊的歷史使命是牽制國民黨軍隊的有生力量，必須準備做出重大的犧牲，哪怕是全軍覆沒，也要保障戰略全局的勝利，在未完成牽制任務之前則是一顆只守不退的重要棋子。隨著形勢的變化，

一九四六年八月，三五九旅中原突圍，歷經艱險返回陝北。
前排左起：黃羅斌（警備第三旅旅長）、王震、王恩茂、郭鵬、李銓

當中原部隊堅持十個月之久、勝利完成牽制敵軍任務之後，黨中央為保存這支有生力量，以非凡的革命膽略和智慧，為中原部隊作出了「主動出擊，組織戰役，突出包圍，實行戰略轉移」的重大決策，並為其指明了突圍方向。

六月二十日，中原局、中原軍區經過請示並獲批准後，制定了具體的突圍部署：由皮定均率一縱隊一旅向東行動，造成主力東進的假象，從而轉移敵人的視線。中原解放軍的主力則分為南北兩路向西突圍。北路由李先念、鄭位三、王震率中原局、中原軍區直屬機關和二縱十三旅、十五旅四十五團，從廣水與信陽之間突破平漢鐵路封鎖線向西挺進；南路由王樹聲等率一縱第二、三旅，從孝感、花園之間突破平漢路封鎖線向西挺進。另外，張體學率鄂東軍區部隊，挺進大別山腹地，牽制敵人兵力；黃林率河南軍區部隊，在平漢路西側掩護北路主力突圍作戰；王海山率二縱隊十五旅大部隨一縱隊行動；羅厚福所率江漢軍區部隊留少數武裝堅持原地鬥爭，其餘部隊進入襄河以西地區。

中原突圍戰役，不僅顯示出黨中央、毛澤東戰略堅持和戰略轉移偉大決策的英明與正確，同時也顯示出中原軍區部隊高度的全局觀念和大無畏的英雄氣概，以及中原軍區司令員李先念傑出的指揮才能和面對強大敵人臨危不亂的可貴品質。

六月二十一日和二十四日，李先念司令員命令皮定均所率一縱一旅故意繁忙地在宣化店東北灄陂河前沿加固工事，佯裝成中原軍區主力想在東線打一場惡戰的姿態。其間，李先念還指令皮定均旅長大量召集民工參加修築工事，並且還有意識地讓國民黨特務、奸細混進民工之中，以製造口實。二十三日和二十四日，一縱一旅部隊在陣地上川流不息地頻

繁調動，深夜祕密地向西轉移，白天又公開地回轉向東開進，中途還在行軍路上埋鍋做飯，使敵人深信中原部隊的主力調往東線，突圍方向往東無疑。當敵人再次對我軍進行武裝挑釁時，李先念又命令一縱一旅猛烈地向敵人陣地發起反攻，進一步造成我軍主力向東突圍的假象，從而迷惑和牽制敵軍，掩護中原軍區主力向西突圍。

六月二十六日，李先念命張體學率領小部人馬著便衣祕密接替中原軍區機關警衛部隊的任務，此時，國民黨反動派似乎發現一些蛛絲馬跡，美蔣談判代表立即提出要見李先念司令員的要求。為不使美蔣代表產生懷疑，當天下午，李先念便在宣化店國際招待所舉行宴會。當有人提問說中原部隊有所調動時，李先念哈哈大笑說：「哪有那種事，我剛從部隊回來。」晚上，李先念又在宣化店巧設「空城計」，邀請美蔣談判代表到中原軍區大禮堂看戲。看完戲後，又故意帶領三方談判代表遊覽了宣化店街上的夜市，滿街燈火通明，買賣熱鬧非常，使國民黨和美方代表對於中原軍區主力當晚向西祕密突圍毫無察覺。更為奇妙的是，李先念司令員在六月二十六日夜晚率領中原主力向西突圍之前，還安排部下過兩天給駐宣化店美國航空人員古萊福上校贈送一張個人照片，並特意在照片上寫下「1946 年 6 月 28 日贈」，其用意顯然是讓國民黨和美方代表相信他本人六月二十八日還在宣化店。六月二十九日下午，突圍部隊已祕密離開宣化店兩天了。當張體學宣布「李先念將軍已率部勝利突過平漢鐵路」的消息時，美蔣代表一個個目瞪口呆，倉皇離開宣化店。

李先念率領的北路突圍部隊，於二十九日晚在平漢鐵路柳林車站等地經過短時激戰後，勝利突過平漢線，向西挺進。由王樹聲率領的南路突圍部隊，在陽平口受阻後，在王家店與敵激戰，殺出一條血路，於七月

一日越過平漢鐵路，直指襄河。由皮定均率領的一縱一旅，在完成牽制敵人的任務後，按預定計劃於六月二十九日在麻城以北突破封鎖線，七月中旬進入蘇皖解放區。由張體學率領的鄂東獨二旅，在宣化店完成「空城計」和呂王城阻擊任務後，不畏強敵合圍，奮力向東突圍，後轉戰大別山區。此外，河南軍區部隊在黃林的帶領下、江漢軍區部隊在羅厚福的領導下，也各自圓滿完成既定任務，並且最終完成戰略轉移。

中原軍區部隊勝利突圍後，部隊開始在陝南和鄂西北創建豫鄂陝、鄂西北根據地，並在大別山、桐柏山、大洪山等地燃起游擊戰爭的熊熊烽火。在堅持敵後游擊戰爭的過程中，中原軍區部隊繼續牽制國民黨二十四個以上的正規師和大量保安團，形成了與全國解放區正面戰場相呼應的廣闊的中原敵後戰場，在解放戰爭史上寫下了極其光輝的一頁。

劉鄧大軍躍進大別山

高大巍峨的大別山，在劉鄧大軍完成千里挺進大別山的歷史壯舉之後顯得更加高大挺拔。

一九四七年，解放戰爭進入最為關鍵的一年。國民黨軍隊倚仗裝備精良、兵力較多的優勢，向山東和陝北解放區發動重點進攻，並一度占領延安。為扭轉戰局，實現戰略進攻，毛澤東和中央軍委做出了一個富有勇氣的驚人之舉：從蔣介石伸來的虎口般「鉗鋏」處的中央突破，三路大軍挺進中原，同時將主要進攻方向指向敵人戰場上最敏感又最為薄弱的大別山地區。這就是著名的劉鄧大軍千里躍進大別山。

一九四七年六月三十日夜，劉伯承、鄧小平遵照中央軍委「中央突

劉鄧大軍挺進大別山雕塑（由中國圖庫提供）

破、南渡黃河，直趨大別山」的戰略方針，率領晉冀魯豫野戰軍主力部
隊約十二萬大軍，從山東陽谷以東一五〇餘公里的八個地段上強渡黃
河，一舉突破國民黨軍的黃河防線，拉開了戰略進攻的序幕。解放軍渡
過黃河之後，蔣介石慌忙調集兵力，企圖逼迫劉鄧野戰軍北退或者背水
一戰。七月，劉鄧大軍發起魯西南戰役，經過二十八天激戰，殲滅敵軍
二個師部、九個半旅共五萬六千多人，為挺進大別山開闢了通道。

　　八月七日，劉伯承、鄧小平發出命令：勇往直前，不要後方，不向後
看，千里躍進大別山！這是一次路途諸多險阻的進軍，是一次全靠意志
和勇敢才能取勝的進軍。經過二十多天的艱苦跋涉和激烈戰鬥，劉伯
承、鄧小平大軍以銳不可當之勢，不僅戰勝數十萬敵人的圍追堵截，而
且先後越過黃泛區、大江大河等天然屏障，終於於一九四七年八月二十

七日勝利進入大別山地區。

劉鄧大軍到達大別山後，部隊趁尾隨其後的國民黨軍二十三個旅還沒有形成包圍之勢，迅速實施戰略展開，以建立起堅固穩定、無堅不摧的大別山根據地。到九月中下旬，

劉鄧大軍挺進大別山

劉鄧大軍先後解放鄂豫皖邊區縣城二十三個，殲滅國民黨正規軍六千餘人、地方武裝八一〇餘人，相繼建立起十七個縣的民主政權。此後，在劉鄧的指揮下，解放軍機動靈活地運動殲敵。到了十一月，劉鄧大軍在二個月中，共殲敵三萬餘人，解放縣城二十四座，建立了三十三個縣政權。在這一過程中，大別山的戰略部署工作得以逐漸完成。

在劉鄧大軍進軍大別山的同時，陳賡、謝富治大軍向河南西部挺進，殲敵五萬餘人，解放了十餘個縣城，調動敵軍八個旅的兵力，在大別山以西有力地緩解了劉鄧的作戰壓力。陳毅、粟裕大軍挺進豫皖蘇邊地區，殲敵兩萬餘人，調動了敵軍十五個旅的兵力，打亂了敵之軍事部署，在劉鄧以北擴大了解放區。自此，劉鄧、陳謝、陳粟三支大軍完成戰略性部署，在廣闊的中原地區，結成了一幅「品」字形的有利的戰略態勢，為解放戰爭的全面勝利打下了堅實的基礎。

劉鄧大軍躍進大別山是解放戰爭的一個重大轉折。此後，解放戰爭的全國性戰略進攻就此開始，奪取全國勝利的嘹喨號角更是從此時正式吹響。

紅安縣七里坪鎮有條街叫長勝街，這條長不過一里、寬不過兩丈的小街，花崗石鋪路，街兩邊的房屋青磚黑瓦，木格窗，木板門，房屋山牆與隔火牆有龍蛇鳥獸造型裝飾。這是一條在中國革命歷史上不可不提的小街。它是黃麻起義的策源地，也是中國三大紅軍主力之一的紅四方面軍的誕生地，這兩件都是有歷史記載的大事。即使是那間四平方米的房間，房間裡的一盤洪爐，一架手拉風箱，一座鐵砧，靠牆放著的鉗子與大錘小錘，也有著不平凡的記憶。

長勝街是國務院列入的全國文物重點保護單位。我在長勝街瞻仰了紅四方面軍指揮部、蘇維埃勞工委員會、革命法庭、銀行、中西藥局與飯堂合作社等遺址後，走進了這間四平方米的小屋。

我站在小屋裡，久久沒有離去。小屋是一間大廳後面的倒屋，只有很小的門進來，外面參觀的人熙熙攘攘，小屋卻很安靜。我眼前升起了八十多年前的火光，小屋洪爐的火光熊熊，粗壯的手臂拉著風箱，爐火中的一塊頑鐵燒得透紅，鉗子夾起紅鐵，放在鐵砧上，又一雙粗壯的手臂揚起大錘，砸在紅鐵上，火光四濺，叮噹的捶擊聲，不絕於耳，穿過夜色，在長勝街上飄蕩。叮噹！叮噹！大錘小錘交相捶擊，鐵鉗夾著的紅鐵漸漸變成青灰色，變成了一支長矛，變成了一把大砍刀，變成了一桿梭鏢。成了型的鐵器，被鉗子夾著，往水槽裡一扔，滋的一聲長響，長矛、梭

鏢、大刀，淬了火，一件件冷兵器就此誕生。

我站在小屋裡，久久不願離去。在戴克敏、曹學楷、吳煥先等人領導和發動下，七里坪的農協會、農民自衛隊成立起來了，泥腿子背插大刀，手握梭鏢長矛，紅纓飄展，自衛隊員，一個個威風凜凜，打土豪，懲惡霸，革命活動如火如荼。柯義生雜貨店的店員成立工會，組織了工人糾察隊，糾察隊員威風凜凜，手持長矛、梭鏢、大刀。工人農民組織成立了法庭，審判鎮壓了大土豪阮純青、李介仁與反動商會會長李業階，而槍決這些土豪劣紳的一把土手槍也是鐵匠鋪裡打造出來的，那是一把唯一的、十分簡陋的手槍。威風啊威風，革命的威風，來自力量，來自武裝。一九二七年十一月黃麻起義，長勝街是起義隊伍的集結點，浩浩蕩蕩的起義隊伍，手握的大多是長矛梭鏢大刀，握長矛梭鏢大刀的隊伍向黃安縣城進攻，他們威風啊！當黃安城被攻下，變成了紅安，我看到威風在隊伍中高揚。

我站在小屋裡久久沉思著，眼前這間不起眼的鐵匠鋪十分普通，與舊中國的所有鐵匠鋪一樣簡陋，可是，在紅安七里坪長勝街，這間看似普通的鐵匠鋪子卻不平凡！它爐火熊熊，它鐵錘高舉，它風箱不斷鼓動，它的叮噹之聲不捨晝夜，它歇人不歇火，它日夜生產著兵器，為武裝革命的工農，提升革命隊伍的威力。據統計，這間鐵匠鋪打造出的各類冷兵器達一千

餘件。洪爐的火啊，在舊中國的暗暗黑夜中不熄，覺悟了的工農，在鐵砧上不停鍛打，鍛打殺敵的武器，鍛打革命隊伍的威風，鍛打勝利。當熱兵器完全取代冷兵器，當各種先進的武器在戰爭中施展威力的時候，長矛梭鏢大刀，在現代化戰爭中被淘汰掉，但是，我還要向革命早期的梭鏢長矛大刀致敬，沒有它們，就沒有革命的起步與發展，就沒有隊伍的威風與力量，就沒有今天的勝利與現代化。

我從紅安縣七里坪長勝街一間四平方米的鐵匠鋪裡走出來，藍天麗日，四處一片繁榮，我走在處處都是遺址的石板街上，耳邊彷彿還在響著叮噹之聲，那鐵砧還在鍛打著，鍛打著歷史，鍛打著記憶，鍛打著覺醒了的民眾的威風。

原載《湖北日報》2011 年 6 月 3 日

洪爐鍛打的威風

名人

02章

青山有幸埋忠骨，沃土精魂聚成仙；和平今朝出英傑，文藝綻放欣盛花。

在這個人傑地靈的土地上，曾經出現過那樣一些人，給我們朦朧的雙眼以璀璨的光芒，給我們平凡的生活以愛的箴言。是他們，讓我們感受到荊楚大地的靈性；是他們，讓我們感受到荊楚文化的魅力；是他們，讓我們感受到荊楚兒女的傑出！

在這裡，我們將為大家講述他們的生平事蹟、思想見解或豐功偉績，或帶來一些他們的奇聞軼事，以滿足大家追溯荊楚名人足跡之期盼。

我們的文筆或許拙劣，我們的思想或許淺顯，但卻凝聚著我們心中忽略不去的感慨萬千；我們的情深意切，是用靈魂鑄就。湖北的文化因他們而生輝，湖北的山水因他們而增色，湖北的旅遊因他們而添彩。

第一節 · 領袖紀

弔民伐罪，保衛國疆。
海內昇平，民眾安康。

毛澤東：最愛武漢

毛澤東最愛武漢。在武漢，他頻頻迸發出影響中國和世界歷史進程的思想火花。

一九二六年，毛澤東在武昌紅巷籌辦農民運動講習所，次年寫下《湖南農民運動考察報告》。漢口「八七」會議上，他首次提出「槍桿子裡面出政權」。武漢是毛澤東成為革命家和政治家的搖籃。

一九二七年，毛澤東攜全家落戶武昌都府堤，成為武漢市民。在這裡，他迎接了第三個兒子的出生。武漢的日子，是毛澤東和楊開慧母子幸福團聚的時光。

毛澤東酷愛游泳，武漢的大江大湖

毛澤東武昌故居

深深吸引著他。一九五六至一九六六年，他在武漢暢遊長江四十多次。一九五三至一九七四年，他先後四十八次到武漢東湖，最長的一次住了一七八天，東湖成為北京中南海外他晚年來的次數最多、居住時間最長的地方。武漢東湖賓館的梅嶺一號也因此被稱為「湖北中南海」。

李先念：我本紅安

李先念生長於湖北黃安（今紅安）。一九二七年，他參加了黃麻起義，從此開始了革命生涯。毛澤東稱其為「不下馬的將軍」。

一九四九年五月，李先念全面主持湖北省黨政軍工作。百廢待興，又逢「黑白之戰」，資本家抬高物價，黃金白銀價格暴漲。他聯繫上海等經濟實力較強的城市，往湖北調集物資，很快穩住市場，控制了局面，在較短時間內實現了從戰爭到經濟建設的歷史性過渡。

李先念像

李先念擔任國家領導人後，一直心繫三峽。逝世後，他的骨灰被撒到了大別山等地，魂歸故里。紅安現存有李先念紀念館、故居紀念園、烈士陵園、七里坪革命遺址群。

董必武：起於黃岡

董必武，湖北黃安（今紅安）人。一九一一年參加辛亥革命，加入同盟會。一九二〇年，他和陳潭秋等人創建武漢共產主義組織，創辦武漢中學，培養了大批仁人志士。一九二二年，董必武任中共武漢地方委員會書記、中共湖北省委委員。

北伐戰爭期間，董必武領導創辦革命報刊、爭取軍閥部隊起義、支援北伐進軍，參與領導湖北農民運動，促進了大革命向長江流域發展。

抗日戰爭初期，董必武在武漢大力開展黨的統一戰線工作，在湯池、

董必武紀念像

董必武故居

七里坪、漢口富源里創辦訓練班，籌建中共湖北省工作委員會，恢復發展湖北的黨組織，籌建八路軍武漢辦事處，創辦《新華日報》，為開展華中敵後抗日游擊戰爭、爭取抗日戰爭的最後勝利打下了良好基礎。

董必武故居在湖北黃岡紅安縣城內。

第二節 · 英雄傳

> 躍馬斬將萬眾中，千古凜凜國士風。
> 舉劍問天烽火處，精忠報國建奇功。

關羽：「武聖」

關羽（？-220），本字長生，後改字雲長，東漢末年名將，民間尊為「關公」，又稱「美髯公」。歷代朝廷對關羽多有褒封，清代更是奉為「忠義神武靈佑仁勇威顯關聖大帝」，崇為「武聖」。

三國時期，赤壁之戰後，曹仁奉命防守荊州的孫劉聯軍，劉備與孫權約定對曹仁軍進行夾擊，關羽擔負著斷絕曹仁後路的任務。劉備獲得荊南四郡後，因關羽功勳卓著而封他為襄陽太守，稱之為「蕩寇將軍」，並命他在江北駐紮，對江陵城進行修繕。

二一三年，劉備入蜀助劉璋防禦張魯，張飛、趙雲、諸葛亮與關羽共守荊州。

二一四年，劉備與劉璋決裂，在攻打雒城時，軍師龐統中流矢身亡，劉備於是召張飛、趙雲、諸葛亮入川支援，荊州只留關羽駐守。劉備平定蜀地後，由關羽鎮守荊州五郡。

二一五年，孫權知道劉備已奪得益州，希望取回荊州。孫劉兩方的將領在陣前據理相爭，但最終未能達成一致。不願放棄荊州的孫權命呂蒙

準備進攻荊州南部，令魯肅率萬餘人馬調於益陽牽制關羽。劉備聞訊，立即從益州帶兵回援。當時，關羽為應對吳軍，從三萬人馬中親自挑選英勇善戰的五千精兵，希望能夠從上遊渡河，後為防止吳將甘寧的阻擊而放棄渡河，轉而在河對岸安營紮寨。這個地方後人稱之為「關羽瀨」。

二一九年，關羽圍襄陽，曹操派于禁前來增援，關羽擒獲于禁、斬殺龐德，威震四方，曹操都力求避其鋒芒。後來曹操派徐晃前來增援，東吳呂蒙又偷襲荊州，關羽腹背受敵，兵敗被殺。相傳孫權將關羽首級送給曹操，希望借此挑起爭端，曹操卻以諸侯之禮將關羽首級進行厚葬，同時關羽的身軀則被孫權同樣以諸侯之禮在當陽下葬，即為關陵。故民間流傳有「頭枕洛陽，身困當陽」之說。

關陵位於今湖北省宜昌市當陽城區西北。荊州百姓為紀念關公，在卸

荊州關公義園

甲山修建關羽祠，卸甲山關羽祠被譽為「天下第一關羽祠」。另一處為紀念關羽而建的關公義園位於荊州古城東南側，園內建有世界最大體量的青銅關公雕像。

陳友諒：成王敗亦王

陳友諒（1320-1363），元末沔陽（今湖北仙桃）人，出身漁家，農民起義領袖，元末大漢政權建立者。

一三五五年初，徐壽輝派其手下將領倪文俊再次攻破沔陽城，陳友諒在黃蓬起義，加入紅巾軍，並憑藉其戰功從簿書掾一步步升為元帥。一三五七年九月，倪文俊謀害徐壽輝不成，轉投陳友諒，後被陳友諒乘機殺害。陳友諒吞併他的軍隊，隨即自稱「平章」。

一三五八年，陳友諒率軍攻陷安慶，又破龍興、瑞州。然後分兵攻取邵武、吉安，而自己則領兵進入撫州。不久，又破建昌、贛、汀、信、衢。朱元璋攻取太平後，與他為鄰。陳友諒攻陷元池州，朱元璋派常遇春率軍前去攻打陳友諒，奪取池州。趙普勝是有名的驍將，號稱「雙刀趙」。趙普勝開始與俞通海等駐紮巢湖，一起歸附朱元璋，後來叛歸徐壽輝。這時他正為陳友諒駐守安慶，多次引兵爭奪池州、太平，到處搶掠。朱元璋為此擔憂不已，於是引誘趙普勝的食客，讓他潛入陳友諒軍中去離間趙普勝。趙普勝沒有發覺，見到陳友諒的使者總是訴說自己的功勞，覺得自己有恩於陳。陳友諒由此懷恨心中，懷疑他要背叛自己。

一三五九年，陳友諒以會師為名，從江州突然來到安慶，趙普勝在雁汊以燒羊迎接，當他剛一登船，陳友諒便馬上殺了他，併吞併了他的部

隊。一三六〇年，雖遭到陳友諒的反對，徐壽輝仍決定遷都龍興。倉促間他從漢陽出發，臨時駐紮在江州。江州是陳友諒管轄之地，他命士兵埋伏在城外，然後將徐壽輝迎入城中，緊接著緊閉城門，將徐壽輝部全部消滅。隨後陳友諒挾持徐壽輝居於江州，自稱「漢王」。

稱王后仍不滿足的陳友諒又挾持徐壽輝東下，進攻太平。但太平城堅不可摧，於是陳友諒軍便利用大型船隻靠近西南城牆，士兵們順著船尾爬

陳友諒金戈鐵馬像

過矮牆進入城內，攻克太平城。此役之後，陳友諒愈加驕狂。陳友諒部一進駐採石磯，便殺了徐壽輝。徐壽輝死後，陳友諒剷除了心腹之患，更加肆無忌憚，宣布即皇帝位，國號為漢，改元大義。

一三六三年，不可一世的陳友諒帶領數十萬水軍出戰，在鄱陽湖被朱元璋打敗，陳友諒本人也被箭射中，最終喪命。陳友諒死後，其子於次年向朱元璋投降。

陳友諒墓位於武漢長江大橋武昌橋頭引橋南坡下。陳友諒紀念館和陳友諒故居同在湖北省仙桃市，陳友諒故居原名元廟觀，後改名玄妙觀。

黎元洪：民國大總統

黎元洪（1864-1928），字宋卿，湖北黃陂人，人稱「黎黃陂」，曾任中華民國大總統，是中國歷史上唯一一個做過兩任大總統和三任副總統的人。

黎元洪畢業於北洋水師學堂，隨德國教官訓練湖北新軍，由管帶累升為第二十一混成協統領。

一九一一年九月，武昌局勢日漸緊張。文學社、共進會等湖北革命黨人的起義領導機關不得不分散

黎元洪像

設置，採取隱蔽措施。十月二日和三日，黎元洪和瑞澂、張彪、鐵忠等人兩次召開緊急會議，策劃防衛措施。因湖北省總軍火庫楚望台乃軍事要害，軍事參議官鐵忠提議以第三十標第一營旗籍兵士替換革命黨人居多的工程第八營兵士駐守，以防滋生意外。黎元洪反對。張彪考慮到工程第八營隸屬自己的第八鎮部下，為防人指摘，遂認同了黎元洪的建議。十月九日，孫武等在漢口不慎引爆炸藥，革命黨人倉皇逃避，武漢三鎮革命機關遭到清政府的大肆搜捕和「圍剿」。隨後，黎元洪被瑞澂委以按收繳的名冊大行搜捕革命黨人的任務。黎元洪害怕釀成巨變，於是向瑞澂請示，請求適當地改變處理方法。瑞澂懷疑黎元洪懷有二心，嚴詞申斥，立即派遣張彪率憲兵馳往工程營搜捕革命黨。黎元洪認為殺了三個革命黨，搜獲了革命黨的祕密名冊，名冊上很多是軍中兵士，在軍

隊中恐怕要出亂子了。

　　十月十日晚，武昌起義爆發。黎元洪坐鎮協司令部，得知駐塘角的第二十一混成協輜重隊縱火起事時，即下令禁止官兵出入，並親率管帶、隊官巡視營門，加意防範，又用會議形式，集官長於一室，藉以延宕時間。黎元洪將四十一標全體官佐召集到會議廳，防止他們嘩變。然而此時軍心動搖，黎元洪也無法控制。這時，他也清楚地認識到革命形勢發展與自身將來處境息息相關。十月十一日，首義革命黨人、湖北諮議局議員和紳商代表共同召開聯席會議，集議革命不能群龍無首，當務之急是要馬上請出一位德高望重、為國人所熟知的領導人，組建軍政府。黎元洪由此被革命黨人強迫推舉為湖北軍政府都督。等漢口、漢陽光復，各國領事宣布「中立」，他才宣告就職。各省都督府代表聯合會成立後，

黎元洪墓

先後推選黎元洪為中央軍政府大都督、大元帥。

辛亥革命後，孫中山當了大總統，但不久革命勝利果實被袁世凱所竊取。袁世凱稱帝後，冊封黎元洪為武義親王，黎元洪堅決抵制。後來張勳復辟，黎元洪也堅持抵制。袁世凱死了之後，黎元洪才接任總統，為維護共和體製作出了不可磨滅的貢獻。歷史學家章開沅先生曾評價道，中國人在走向共和的道路上儘管坎坷曲折，但黎元洪畢竟也是邁開第一步的先行者之一，我們理應給他以必要的尊敬。

黎元洪故居位於湖北省大悟縣彭店鄉黎河村黎家河。黎元洪墓是「民國三大陵」之一，位於武漢市洪山區土公山南坡，即現今華中師範大學校內。

熊秉坤：首舉義旗

熊秉坤（1885-1969），湖北江夏人，辛亥革命武昌起義的功臣，一度擔任湖北省政府委員、審計委員會主任委員，同時兼任武昌市市長。新中國成立後，擔任中南軍政委員會參事、湖北省人民政府委員等職，是第二至四屆全國政協委員。

清末，熊秉坤進入湖北新軍第八鎮工程第八營當兵，後來升為正目。一九〇九年加入革命團體日知會。一九一一年加入共進會，繼雷振聲之後擔任共進會工程第八營營代表。至辛亥首義前夕，熊秉坤在營中發展會員

熊秉坤

二百餘人，任工程營革命軍大隊長。一九一一年九月二十四日，共進會、文學社召開聯合大會，制定起義方案，決定採納熊秉坤的建議，由工程營負責占領該營防地楚望台軍械庫。

十月十日，孫武受傷，彭楚藩、劉復基、楊洪勝三烈士就義，工程營革命同志面對起義計劃暴露的嚴峻局面，議決率先發動起義。程正瀛首先開槍打傷值班排長陶啟勝，後擊斃前來彈壓的黃坤榮、張文濤，全營震動，槍聲四起。熊秉坤立即以該營代表和革命軍大隊長身分首先率部發難，下樓吹哨笛集合隊伍，隨即對空連放三槍，率部占領楚望台軍械庫。進攻督署的戰鬥開始後，熊秉坤組成四十人敢死隊攻破督署東轅門。在他領導下，武昌光復。十一日清晨，革命軍旗幟高高飄揚在白雲黃鶴的上空，起義成功了！十二日，起義軍又收復了漢口和漢陽，武漢三鎮全在革命軍的掌握之中。一九一一年十月十八日，陽夏戰役爆發後，熊秉坤任民軍第五協統領，先後在漢口劉家廟、大智門、跑馬場一帶與清軍激戰。一九一二年一月，湖北軍政府整編各部，第五協編入第三鎮，移駐雲夢一帶；三月，改協為旅，熊秉坤任第五旅旅長；十月，熊秉坤被授予陸軍少將軍銜。

因反對袁世凱，熊秉坤遭到通緝，逃至贛、寧、滬等地。後來他參加「二次革命」，失敗後遠走日本。一九一四年，熊秉坤參加中華革命黨，同年秋回湖北，被孫中山委任為討袁鄂軍司令，追隨孫中山參加護法運動，任廣州大元帥府參軍。中國國民黨成立後，他出任軍事委員會委員。一九二八年四月，任湖北省政府委員，並受聘為湖北革命博物館籌備委員會委員，一九三〇年一度兼任武昌市長。一九三一年調任南京國民政府軍事參議院中將參議。一九四六年退役。

一九六九年熊秉坤病歿後，與夫人合葬在湖北省武漢市九峰山革命烈士公墓內。

程正瀛：武昌起義第一槍

程正瀛，湖北鄂州人，武昌起義的第一槍正是由他打響。程正瀛故居門口楹聯為「首義史長垂，革新華夏原三楚；千秋功不朽，射落皇冠第一槍」。

程正瀛

一九一一年武昌起義爆發前夕，起義消息洩密，多名革命志士相繼遇害。十月十日晚，敵視革命的工程第八營二排長陶啟勝查鋪時，發現金兆龍、程正瀛抱槍和衣而臥，大驚，即上前奪槍，金兆龍大呼：「眾同志再不動手，更待何時！」程正瀛挺身而出，冒險犯難，開槍擊傷陶啟勝，打響了震驚中外的辛亥首義第一槍。熊秉坤立即吹哨集合隊伍，起義全面展開，經一夜激戰，起義軍攻克湖廣總督署和湖北藩署，終於占領武昌。程正瀛這一槍敲響了清王朝封建統治的喪鐘，結束了清王朝二百多年的封建統治，推翻了我國二千多年君主專制統治，拉開了民主主義革命的序幕，為中華民國的建立立下了不朽的歷史功勛，可以稱得上是「真正意義上打響了亞洲民主的第一槍」。

辛亥革命武昌起義紀念館位於武昌蛇山南麓的閱馬場北端。

辛亥革命博物館

彭楚藩、劉復基、楊洪勝：首義三傑

　　彭楚藩（1884-1911），祖籍湖北武昌縣（今湖北鄂州）；劉復基
（1884-1911），湖南武陵人；楊洪勝（1875-1911），湖北襄陽人。三人並
稱為「首義三傑」。

　　一九一一年蔣翊武組織的「文學社」與孫武組織的「共進會」準備聯
合起事。十月九日，孫武等起義人員在俄租界試製炸彈，不慎走火，炸
彈爆炸起火，引來俄國巡警，又引來清政府全城搜查。孫武派鄧玉麟向
總指揮部報告情況，並要求提前起義。鄧玉麟急匆匆趕往位於武昌小朝
街八十五號的指揮部，蔣翊武、劉復基、彭楚藩等人在此守候，只等起
義的炮聲響起。

入夜之後，起義的炮聲並沒有響起，樓下卻傳來激烈的敲門聲，大批軍警破門而入，劉復基奮不顧身撲向樓下，向院子投擲炸彈，但是炸彈未響，軍警將他擒住，劉復基高聲大罵軍警並奮力反抗，為其他同志贏得了逃跑的時間。蔣翊武、彭楚藩等跳窗從鄰居家逃出，但是街道已經被軍警包圍，蔣翊武混在圍觀人群中逃出包圍圈，彭楚藩本來也已經逃出，但他還想回去營救劉復基，不幸被擒。運送彈藥的楊洪勝被房東出賣，也被抓獲。

湖廣總督瑞澂令清軍軍事參議官湖北督練所總辦鐵忠連夜審訊。第一個被審訊的是彭楚藩。彭楚藩身穿憲兵制服，肩上的標誌說明他是班長，鐵忠一看，心裡很不安，因為憲兵管帶是鐵忠的親戚，憲兵造反，管帶恐有責任，於是鐵忠想為彭楚藩開脫，他這樣問道：「你是去捉黨人的憲兵，怎麼被捉來了，一定是他們弄錯了吧？」此時彭楚藩只要順水推舟，順著鐵忠的話回答，就能活命。但是，彭楚藩為革命勇於獻身的精神，絕不亞於任何時期的英雄，他坦然承認自己就是革命黨人，放棄了低頭活命的機會。隨後鐵忠又審問劉復基和楊洪勝，得到的也是大義凜然的回答。二人渾身血跡，錚錚鐵骨，不吐露同黨一人。

彭劉楊三烈士像

三位革命烈士，一樣視死如歸，一樣豪氣衝天，沒有走漏半點提前起義的消息，他們的犧

牲，激勵了清軍內部準備起義的革命戰友，他們用自己的鮮血，祭奠了武昌起義勝利的旗幟——鐵血十八星旗。

在彭楚藩、劉復基、楊洪勝三位烈士英勇就義後，十一月九日，新成立的中華民國湖北軍政府為三位烈士舉行了公祭。孫武、吳兆麟、蔡濟民等領導親自致祭詞：「龜山蒼蒼，江水泱泱，烈士一死滿清亡……」武昌起義時的平閱路，從此被改名為「彭劉楊路」，武昌紫陽路皇殿被命名為「三烈士祠」。三烈士慷慨就義處後來建有紀念亭供後人瞻仰。如今，楊洪勝烈士墓位於谷城縣城東南約三點五公里處漢江西岸的高寧山上，彭楚藩烈士的陵園在鄂州西山風景區。

徐海東：「虎將軍」

徐海東（1900-1970），湖北黃陂（今屬大悟）人，是中國無產階級革命家、軍事家，因驍勇善戰被譽為「虎將軍」，是中華人民共和國十大大將之一。

徐海東於一九二五年四月加入中國共產黨。一九二七年大革命失敗後，他返回家鄉，任河口區農民自衛隊隊長，在窯工中建立中共支部。十一月，他率隊參加黃麻起義。在創建鄂豫皖革命根據地的鬥爭中，他驍勇善戰，被群眾譽為「徐老虎」。他歷任中共區委書記，縣赤衛軍大隊長，中國工農紅軍營長、團長和師長。一九三二年秋，第四方面軍主力離開鄂豫皖後，在國民黨軍對根據地進行殘酷「清剿」的嚴重形勢下，他同鄂豫皖黨和紅軍的其他領導人一起，集中留下來的部隊，先後重建第二十五軍、第二十八軍，任副軍長、軍長，在鄂東北、皖西堅持游擊

徐海東雕像

戰爭，取得了郭家河、潘家河、石門口、葛藤山、長嶺崗、太湖、斛山寨等戰鬥的勝利。

中華人民共和國成立後，徐海東曾任中央人民政府人民革命軍事委員會委員、國防委員會委員，當選為中共第八、第九屆中央委員。一九五五年被授予大將軍銜和一級八一勛章、一級獨立自由勛章、一級解放勛章。毛澤東讚揚他是「對中國革命有大功的人」，是「工人階級的一面旗幟」。鄧小平評價他「對黨有一顆紅心」。

湖北省大悟縣為紀念徐海東，建成一尊高十一米的徐海東騎白馬、腰挎槍的花崗岩雕像。

王樹聲：大別山英雄

王樹聲（1905-1974），湖北麻城人，中國無產階級革命家、軍事家，鄂豫皖、川陝革命根據地和紅四方面軍的創始人之一，軍械裝備建設和軍事科學研究事業的奠基人和領導人，人民解放軍的十位開國大將之一，被譽為「大別山英雄」。

王樹聲

王樹聲一九二六年加入中國共產黨，參與創建了麻城縣第一支農民武裝；一九二七年參與領導麻城暴動和黃麻起義；一九二八年後歷任工農革命軍鄂東軍分隊長、鄂豫皖紅軍第四軍團長、紅四方面軍副總指揮兼第三十一軍軍長、西路軍副總指揮兼第九軍軍長等職。他英勇善戰，戰功顯赫，為創建鄂豫皖、川陝革命根據地和紅四方面軍建立了不朽的功勳。

抗日戰爭時期，王樹聲歷任晉冀豫軍區副司令員、代司令員，太行軍區副司令員，河南軍區司令員，組織地方武裝開展抗日游擊戰爭。解放戰爭時期，王樹聲歷任中原軍區副司令員、第一縱隊司令員兼政治委員。一九四六年他參與指揮中原突圍，率軍進入武當山區，開闢鄂西北游擊根據地，任鄂西北軍區司令員、鄂豫軍區司令員等職。

中華人民共和國成立後，王樹聲任湖北軍區副司令員、司令員，中南軍區副司令員，國防部副部長。一九五五年出任總軍械部部長後，他致力於改善部隊武器裝備，加強部隊革命化、現代化、正規化建設，同年

紅四方面軍閱兵塑像

被授予大將軍銜。一九五九年王樹聲任軍事科學院副院長，一九七二年任軍事科學院第二政治委員，後當選為中共第八至第十屆中央委員。

　　王樹聲有不少傳奇事蹟，有人記載道，他長得敦實剽悍，鬍鬚叢密，雙唇前突，如怒目金剛，因善射而在紅四方面軍有「神射手」之稱。一九二七年黃麻起義時，王樹聲率領農民自衛軍守麻城。敵紅槍會萬餘人來攻。他鎮定地登城北門，見敵蜂擁蟻行而至，為首是一紅衣「師爺」，便取步槍，推彈上膛，射之，「師爺」應聲倒地，群匪四散逃命。紅四方面軍老戰士董國元說，長征途中某日，見王樹聲為紅軍戰士授短槍射擊要領。王樹聲舉駁殼槍，指一座屋頂說：「我打右下角翹起的三片瓦。」

話音剛落——「啪、啪、啪！」三片瓦被擊得粉碎。「文革」中某日，王樹聲為其子表演射技，以氣槍擊梨樹上的梨子，連發三槍，三隻梨相繼墜地。其子撿之，見三梨都完好無損，原來彈丸全部擊中了梨把。這一年王樹聲已逾花甲。

一九七四年，王樹聲病逝於北京，其墓位於麻城烈士陵園內。

項英：新四軍創始人

項英（1898-1941），湖北江夏人，是中國無產階級革命家，新四軍的創建人和主要領導人之一。

項英於一九二二年加入中國共產黨，曾任平漢鐵路總工會總幹事、湖北省工團聯合會主任、中共中央職工運動委員會書記等職。一九三〇年起，先後任中共中央長江局書記、中共蘇區中央局代理書記，曾兩次當選為中華蘇維埃共和國臨時中央政府副主席。中央紅軍主力長征後，項英任中共蘇區中央分局書記等職，在贛粵邊區堅持游擊戰爭。全國抗日戰爭爆

項英雕像

發後，項英任新四軍副軍長。一九四一年一月，因對國民黨頑固派的陰謀缺乏警惕，項英在皖南事變中猶豫動搖，處置失當，對新四軍皖南部

隊遭受嚴重損失負有責任。一九四一年三月，項英在涇縣被叛徒殺害。

一九九〇年九月，中央辦公廳批准武漢市江夏區為項英塑銅像一尊。二〇一四年是項英誕辰一一六週年。這年五月十四日，武漢資深收藏家姜小平展示了一份八十二年前的《文化日報》，上面刊載的文章《項英記》記錄了項英的出生、相貌、經歷等內容，是目前發現最早的關於項英的傳記。

段德昌：共和國第一號烈士

段德昌（1904-1933），中國無產階級革命家、軍事家，一九三三年在湖北巴東被殺害。一九五二年毛澤東親自為段德昌簽發中華人民共和國中央人民政府第一號烈士證書，中央軍委將他列為共和國歷史上的三十六位軍事家之一，二〇〇九年他被中央宣傳部、中央組織部等十一個部門評為「一百位為新中國成立作出突出貢獻的英雄模範人物」之一。

段德昌

一九二四年，段德昌創辦新華中學。一九二五年六月，段德昌加入中國共產主義青年團，同年轉入中國共產黨。「五卅」慘案後，他發起組織「青滬慘案南縣雪恥會」，隨後進入黃埔軍校第四期和中央政治講習班學習。畢業後他到國民革命軍第八軍第一師政治部工作，參加北伐戰爭，領導開展游擊鬥爭，創建游擊根據地，是有名的常勝將軍。

一九三三年，段德昌前往湘鄂邊工作，此時湘鄂西的「肅反」正值高潮。段德昌一邊率軍同敵苦戰，一邊同夏曦錯誤路線作堅決鬥爭。喪失洪湖根據地後，段德昌痛心疾首，多次向夏曦提出恢復洪湖蘇區的設想和建議，但都遭到拒絕。正因如此，段德昌被誣為分裂紅軍的「改組派」而遭到逮捕。段德昌被捕後，賀龍為挽救他曾與夏曦據理力爭，但無濟於事。一九三三年五月一日，段德昌在巴東金果坪江家村被錯殺，時年二十九歲。

段德昌犧牲後，湘鄂西蘇區群眾含淚埋葬了他的遺體，並在墳前栽下了代表他年齡的二十九顆青松。一九五二年，段德昌被追認為革命烈士。一九五三年一月，段德昌的遺骸被遷葬於鶴峰下坪，一九六二年再遷至鶴峰滿山紅烈士陵園。段德昌墓現位於湖北鶴峰縣的八峰山上。

鶴峰烈士陵園大門

第三節 · 帝相說

臣有循吏，將有柱國。
左輔右弼，一統八荒。

帝王春秋

炎帝神農：人文始祖

炎帝是中國上古時期的部落首領。傳說炎帝與黃帝結盟共同打敗蚩尤，後來兩個部落融合成為華夏族，因此炎帝與黃帝被共同尊奉為中華民族的「人文初祖」。

相傳炎帝生於烈山石室，長於姜水，以火德王，故號炎帝。春秋以來，有大量文獻記載炎帝誕生於烈山（今湖北省隨州市隨縣厲山鎮）。

炎帝神農故里祭祖大典

中華炎黃文化研究會在其編撰出版的《炎黃匯典》中明確定位「隨州是炎帝神農故里」。世界烈山聯宗總會在《世界烈山聯宗總會章程》中寫道：「幾千年來，從湖北省隨縣的烈山開枝散葉，散布四海，今名麗（厲）山的縣治，就是烈山宗親的發源地。」隨州市隨縣厲山鎮如今已成為海內外炎黃子孫尋根問祖的聖地。隨州炎帝神農故里風景區也已成為研討炎黃文化的基地。

炎帝在中華文明的發展歷程中具有不可替代的作用。他製耒耜，種五穀，奠定了農工基礎，有力地推動了人類由原始游牧生活向農耕文明的轉化；立市廛，首辟市場，以物易物的市場是中國貨幣、商業發展的起源和基石；治麻為布，民著衣裳，是人類告別原始愚昧過程中的關鍵一步；作五絃琴，以樂百姓；削木為弓，以威天下；製作陶器，改善生活，對人類的飲食衛生和醫藥發展產生了深遠的影響。炎帝使中華後裔在與自然和社會的鬥爭中得以逐漸擺脫愚昧和野蠻，追求先進與文明。炎帝精神促使中華民族獲得了高度的團結和統一。

傳說炎帝神農氏常在神農架搭架上山採藥，為了紀念神農嚐百草、造福人間的功績，人們便把這一片茫茫林海取名為「神農架」。神農架地區關於神農氏的傳說故事極為豐富，僅《神農架民間故事集》一

神農架炎帝神農塑像

書就收錄了幾十篇。在這些民間故事中，神農氏踏遍了神農架的千山萬

水。他架木為巢，供老百姓居住；他搭架採藥，編寫藥書，為民治病；他鬥凶獸、懲惡人，弘揚人間正氣；他教民稼穡、養蠶、紡織、種樹、採茶、製陶、製耒耜、飼養禽畜、創集市貿易、作琴瑟、創歌舞，與民同樂，創造了太平盛世。

炎帝的諸多傳說中，以與醫藥相關的故事最多。相傳有一次神農氏採藥嚐百草時中毒，生命垂危，他順手從身旁的灌木叢中扯下幾片樹葉嚼爛吞下去，用以解飢療渴。奇蹟出現了，這幾片樹葉救了神農氏的命。於是，神農氏將這種樹葉命名為「茶」，並倡導人們種茶、喝茶。還有傳說稱，神農氏在神農架採藥時，登上了有仙境之稱的燕子埡、天門埡，繼而攀登回生寨。這回生寨的還陽藥據說可起死回生，所以稱之為「回生寨」。神農氏登回生寨，將其還陽藥記載下來傳之於後世，這就是我們熟悉的《神農本草經》。神農氏在跨越回生寨中一座獨木小橋時，不慎將《神農本草經》竹簡失落橋下，此橋因而得名「失書橋」。神農氏正在惋惜為難之際，忽然從碧空中飛來一群白鶴，把他接上了天庭，從此他成了「藥仙」。回生寨從此一年四季香氣瀰漫，後人便將此地改名為「留香寨」。

楚莊王：一鳴驚人

楚莊王是春秋時期楚國國君，春秋五霸之一，在位期間令楚國威名遠颺。

◆「絕纓之宴」

春秋時期，各諸侯國戰亂不斷。名將養由基平定叛亂後，楚莊王宴請朝中大臣。為使氣氛更加愉悅，楚莊王將寵姬嬪妃都叫出來助興。席間

絲竹聲響，輕歌曼舞，美酒佳餚，觥籌交錯，至黃昏仍未盡興。楚莊王便命點上蠟燭繼續宴飲，還特意讓最寵愛的兩位美人許姬和麥姬向在座的群臣敬酒。一陣風忽然吹過，筵席上的蠟燭全都被吹滅，一位官員趁亂拉住許姬的

楚莊王畫像

手。許姬拚命撕扯，才從中掙脫，並趁機扯下了這人的帽纓。許姬拿著帽纓到楚莊王面前告狀，讓楚莊王點亮蠟燭找出這個酒後狂徒。然而出人意料的是，楚莊王非但沒傳令點燃蠟燭，反而大聲說：「寡人今日設宴，與諸位務要盡歡而散。現請諸位都去掉帽纓，以便更加盡興飲酒。」聽楚莊王這樣說，大家都把帽纓取下，把酒言歡，君臣盡興而散。宴會結束後，許姬感到十分委屈，楚莊王解釋道：「這次因慶功而宴請大家，就是為了讓大家盡興從而使君臣之間和諧相處，酒後失態的人若要究其責任，加以責罰，豈不大煞風景？」

過了幾年，晉國和楚國交戰，有位大臣總是在前面衝鋒陷陣，五度交鋒五度奮勇作戰，帶頭擊退敵人，最終獲得勝利。楚莊王訝異地問：「我的德行淺薄，又不曾特別優待你，你為什麼毫不猶豫地為我出生入死呢？」那人答道：「我是戴罪之人，那天我酒後失態，君王卻大度不與我計較。我在心中暗下決心要報答於您，卻始終對當晚之事難以啟齒，唯有在戰場上鞍前馬後，死而後已，方能不辜負君王不殺之恩！我就是那天晚上被扯斷帽帶的人啊！」

◆ 楚莊王與東湖落雁島

武漢東湖落雁島位於東湖風景區，其南岸與東湖磨山楚天台隔湖相望。相傳春秋時期，楚莊王率部征戰，來到東湖東岸，見此處湖光山色十分秀美，便令大軍沿磨山一帶駐營。不料，大臣鬥越椒突然叛變，戰敗後逃到一片荒島，靠射下大雁充飢。一天，他射傷一隻大雁，誰知大雁竟帶傷直飛對岸楚莊王營中。楚莊王命人為大雁療傷，後來大雁帶路，引領將士將鬥越椒抓住。為紀念那隻引路雁，楚莊王把這個荒島命名為「落雁島」。

◆ 楚莊王與張公山寨

武漢市張公山寨同樣留下了楚莊王的傳說。張公山寨景區位於武漢市

武漢東湖落雁島

張公山寨

青山區嚴西湖北岸。據相關文獻記載，此水域自春秋戰國始，歷來為兵家必爭之地。相傳春秋戰國時期，楚莊王曾在嚴西湖南面擊鼓督戰，此山因此得名為「鼓架山」。

◆ 荊州釣諸侯台

　　楚莊王釣諸侯台位於荊州市城北的紀南城內東北隅。西元前五九七年的晉楚之戰中，楚獲大勝，威震九州，楚莊王為安撫列國，建築高台，邀請諸侯來此聚會，眾諸侯推莊王為盟主。此後「遠者來朝，近者入賓」，楚莊王威望日重，楚國國勢日強。因而後人稱此台為「釣諸侯台」，又稱「釣台」。

劉秀：光武中興

劉秀（前 5-57），即漢光武帝，東漢開國皇帝，南陽蔡陽（今湖北棗陽）人，《後漢書》稱讚他「內外匪懈，百姓寬息」。

◆ 發祥於棗陽

劉秀是西漢皇室後裔，漢高祖劉邦的九世孫，出自漢景帝一脈。史書記載，漢景帝召見他的妃子程姬，程姬因故不願去，把她的宮女唐兒送去蒙事，景帝喝醉了酒，迷迷糊糊「幸之」，於是就有了劉秀這支後裔。劉秀的先祖，從王降為列侯，到他父親劉欽這一輩只是濟陽縣令這樣的小官員了。九歲時，父親去世，劉秀兄妹成了孤兒，只好回到祖籍棗陽春陵白水村，依靠叔父劉良撫養。劉秀在棗陽白水村生活了近二十年。

棗陽不僅是劉秀的成長地，更是他的發祥地。王莽篡位後，因厭惡劉氏，諸劉都被罷官去爵，劉秀的叔父蕭縣縣令劉良被罷黜後，也回到春陵白水村務農。劉秀非常痛恨王莽，一心想恢復劉家漢朝的天下。王莽託古改制，天下大亂，各地紛紛揭竿而起，反抗王莽暴政。劉秀也因賓客為盜受到株連而「避吏新野，販賣穀米於宛」。時年二十八歲的劉秀認為起兵反莽復漢的時機已到，於地皇三年（22 年）十一月，會同大哥劉縯打著「復高祖之業，定萬世之秋」的旗號，開始「春陵起兵」。因在春陵起兵，這支起義軍史稱「春陵兵」，又因以復興漢室為口號，故又被稱作「漢軍」。

為壯大起義隊伍，劉縯、劉秀聯絡了王鳳率領的新市兵和陳牧率領的平林兵，組織聯軍。由於在反抗王莽統治上目標一致，聯軍很快形成較大聲勢。「西擊長聚，光武初騎牛，殺新野尉乃得馬。進屠唐子鄉，又殺

湖陽尉。」長聚就是現在棗陽的寺莊，唐子鄉就是現在棗北唐子山下的太平鎮。在長聚、唐子鄉、新野、湖陽的勝利，為漢軍戰勝強大的王莽南陽政府軍打開局面，為取得後來南陽、昆陽大戰勝利乃至東漢中興奠定了基礎。二十五年，劉秀稱帝，重建漢政權，史稱東漢。劉秀平定天下後，頒布實施了一系列利國利民、富國強兵的政策和措施，使國家走上了「中興」之路。

◆ 眷念於故土

　　光武帝劉秀日理萬機之際，仍念念不忘家鄉，情繫故土。劉秀在位三十二年，曾先後五次回到故鄉棗陽。在棗陽，劉秀多次進行祭祖，並看望、款待族人、鄉親，表達眷念之情。在衣錦還鄉的同時，劉秀還給予故鄉許多恩賜，一是升級家鄉的行政區劃，將故鄉舂陵鄉升格為章陵縣；二是對章陵縣實行特殊的優惠政策，詔令免除章陵的田租及各種差役。劉秀不僅眷念照顧故鄉棗陽，而且對其出生地、幼時生長地也都寄予深情。對其出生地濟陽縣，劉秀先後三次詔令免除全縣徭役八年；對幼時生長地南頓縣，先後兩次詔令免除全縣田租二年、徭役一年。一代明君劉秀這種熱愛家鄉、依戀故土、知恩圖報的德行，在他的故鄉棗陽一直流傳至今。

◆「帝鄉」之傳說

　　千年古剎白水寺位於湖北省棗陽市吳店鎮的獅子山，是後人為紀念劉秀而建。「天子真龍飛白水」描述的即是劉秀故里白水寺。相傳劉秀敗歸獅子山頂，人困馬乏，舌乾口渴，尋井飲水，不料井中水黑難飲。正值劉秀為難時，一條青龍脫井而飛，井水由黑變白，劉秀人馬飲了個痛

襄陽白水寺

快，後人故稱之為「白水井」。劉秀兵敗滾河岸邊，後有莽兵追趕，劉秀淌水，擲劍水中。淺淺河水即成深潭，從而擋住追兵，後來這裡被稱為「滾河劍潭」。王莽兵馬追趕劉秀，被滾河擋住，只得望河興嘆，後人在河邊修一小廟，稱「王莽廟」。劉秀兵屯獅子山，一日找水飲馬，忽然岩石下湧出清泉，供馬飲用，至今池水清澈見底，後來這裡被稱為「飲馬池」。雖然這些都只是傳說，卻能窺見一二當年歷史的風塵。

　　為紀念劉秀，明萬曆年間，時人在城西關口立石碑一塊，上書「漢世祖光武帝故里」。棗陽知縣張靖臣為紀念棗陽出了西漢更始帝劉玄和東漢光武帝劉秀這兩個皇帝，在城西內觀台立「古帝鄉」碑一塊。這兩塊石碑現均收藏於襄陽市博物館。

治世名臣

孫叔敖：第一循吏良臣

孫叔敖，名敖，字孫叔，一字艾獵，楚莊王時為令尹（楚相）。孟子曾說「孫叔敖舉於海」，稱讚他的功績。司馬遷在《史記‧循吏列傳》中列孫叔敖為第一人。

孫叔敖是楚國歷史上著名的政治家、軍事家。他輔佐春秋霸主楚莊王在邲之戰中大敗晉軍，奠定了雄楚稱霸的偉業。任令尹期間他體恤民情，悉心國事。他鼓勵民眾上山採礦，使楚國的青銅冶煉和鑄鐵工藝在當時處於領先地位。他重視水利建設，在出任令尹前帶領當地人民興建水利工程，灌溉農作物。這項水利工程，就是中國古代歷史上著名的「芍陂」。他嚴明法度，制定實施了許多有利於民生的政策法令。在他的悉心

荊州孫叔敖墓

治理下，楚國進入了政治、經濟、文化發展的全盛時期。

由於施政、治軍有功，楚莊王多次欲重重封賞孫叔敖，他卻堅辭不受。孫叔敖雖貴為令尹，功勳蓋世，但一生清廉簡樸，家無積蓄，臨終時連棺槨也沒有備下。他去世後，歸葬於江陵白土裡。而其子生活窮困，仍靠打柴度日，令楚莊王十分震撼，急忙採取優厚待遇善待孫叔敖的後代。

孫叔敖墓位於湖北省荊州市沙市區中山公園東北角江津湖畔、春秋閣旁，是荊州著名的文物景點和遊覽勝地。歷代文人墨客瞻仰孫叔敖墓，寫下了不少詠讚的詩篇。

諸葛亮：躬耕隴畝

諸葛亮（181-234），字孔明，號臥龍，三國蜀漢政治家、軍事家，是一位集眾多成就於一身的賢臣能士。蜀漢時期他得封武鄉侯，去世後追諡為忠武侯。諸葛亮一生著作頗豐，寫下了《出師表》等不朽的傳世名篇。他曾發明木牛流馬、孔明燈等，並改造連弩，後世稱作「諸葛連弩」，可一弩同時發射十矢。諸葛亮一生「鞠躬盡瘁，死而後已」，是中國傳統文化中忠臣與智者的代表人物。

諸葛亮出生在官宦人家。生母和父親去世後，其與弟諸葛均由叔父諸葛玄撫養。一九七年諸葛玄病逝，諸葛亮和弟妹失去了生活依靠，便移居隆中（今湖北襄陽），靠耕田種地維持生計。諸葛亮志向遠大，以天下為己任，常將自己比作管仲、樂毅二人，很想幹一番大事業。通過師從水鏡先生司馬徽和潛心讀書鑽研，他熟知了天文地理，精通了戰術兵

法，並且善於觀察分析社會形勢，積累了豐富的治國用兵知識。

二○七年，劉備屢遭挫折後依附劉表屯兵於新野。司馬徽見劉備，薦道：「那些儒生都是見識淺陋的人，豈會了解當世的事務局勢？能了解當世的事務局勢才是俊傑。此時堪稱俊傑的只有臥龍（諸葛亮）、鳳雛（龐統）。」當時劉備很器重徐庶，徐庶拜見劉備時，也重點推薦了諸葛亮。劉備希望徐庶引諸葛亮來相見，徐庶建議劉備屈尊相訪。於是劉備親自到諸葛亮家中，前後三次才見到諸葛亮。這時諸葛亮只有二十七歲。劉備聽了諸葛亮一番精闢透徹的分析，眼界

諸葛亮像｜元・趙孟頫

豁然開朗。劉備被諸葛亮的絕世才華深深折服，便拿出至真至誠之心懇請諸葛亮出山，助他復興漢室、共謀大業。諸葛亮見劉備虛懷若谷，抱負宏大，當下就痛快地答應了劉備的請求。不久，劉備以隆重的禮節把諸葛亮接到了自己的駐地，加以重用。諸葛亮「躬耕隴畝」，劉備「三顧茅廬」，引發《隆中對》的故事，成為千古美談。

隆中風景名勝區位於今中國歷史文化名城湖北襄陽。諸葛亮長達十餘年潛心讀書、心繫天下的「臥龍」之地吸引了無數國內外遊客到訪。

張居正：宰相之傑

張居正（1525-1582），明代傑出政治家，湖廣江陵（今湖北荊州）人，因此有「張江陵」之稱。作為內閣首輔，張居正對明朝中後期的政治產生了巨大的影響，是「萬曆新政」的主要推動者，有《張文忠公全集》傳世。

張居正自幼聰穎，十二歲參加童試，得到荊州知府李士翱的賞識。十三歲考舉人時又頗受鄉試主考官湖廣巡撫顧璘的賞識，二人結成忘年之交，顧璘稱其為「小友」，盛讚其為國器，並解犀帶相

張居正像

贈。顧璘因擔憂張居正少時聰穎，過於順利，得意忘形而終無為，便有意磨礪他，強制令其落榜。經歷這次失意，張居正並未一蹶不振，而是體察了主考官的苦心，潛心苦讀。

一五四〇年，張居正中舉，七年後中進士，此後由庶吉士升至翰林院編修。世宗後期，他升任右中允，與朝廷中權臣和宦官都有密切關係，這對他後來的仕途與施政方針都有著很大的影響，但也埋下禍發身後的悲劇種子。

一五六七年，張居正任吏部左侍郎兼東閣大學士，進入內閣，後改任禮部尚書、武英殿大學士。一五六八年張居正上《陳六事疏》，根據正德、嘉靖兩朝以來的官場積弊，從省議論、振紀綱、重詔令、核名實、

張居正塑像

固邦本、飭武備等方面申明自己關於改革時政的意見。萬曆初年，神宗年幼，張居正得到攝政的神宗生母李太后的信任，擔任首輔，主持裁決一切軍政大事，前後當國十年，實行了一系列政治經濟改革措施。一五七三年張居正實行考成法，內閣牢牢把握了行政、監察大權，其中樞地位日益顯著。

一五七七年，張居正父親去世。按官制張居正應回鄉守孝三年，但張居正不願此時離開政治中心，在明神宗的支持下提出「奪情」，一時間遭到多方面猛烈抨擊。雖然最終事態得以平息，但張居正也處在了與大多數官員為敵的境地。

一五七八年，張居正下令清丈土地，清查大地主隱瞞的田地，接著在全國推行了「一條鞭法」，政府的財政情況隨之改善。一五七九年，明神宗因與宦官遊玩時行為不檢，遭李太后訓斥，張居正為皇帝寫罪己詔，引發神宗皇帝不滿。一五八○年，張居正下令吏部遍查兩京衙門，並於次年裁去兩京戶部侍郎以下的一五六個職位，同年裁撤鄖陽巡撫、順天巡撫、湖廣總兵等地方大員職位。一五八二年，張居正病逝，贈上柱國，諡「文忠」。

張居正逝世後，反對他的御史們上疏彈劾。早已心懷不滿的神宗皇帝於是下令查抄張家，收回張居正生前所得璽書，以其罪狀昭示天下，並罪及子孫。直至一六二二年，天啟皇帝才為張居正復官復蔭。

張居正墓位於湖北荊州市沙市西北張家台，又稱張居正墓園、張居正紀念館。張居正故居則位於今湖北荊州市古城東大門內。

張之洞：湖北新政

張之洞（1837-1909），字孝達，晚年自號抱冰。因其號香濤，任總督，故時人皆稱之為「張香帥」。張之洞是清末洋務派代表人物，被譽為晚清「四大名臣」之一，有《張文襄公全集》。

張之洞

八國聯軍入侵時，大沽砲臺失守，張之洞會同兩江總督劉坤一與駐上海各國領事議訂「東南互保」協議，並鎮壓維新派的唐才

常、林圭、秦力山等發起的自立軍起義。一九〇一年慈禧發布上諭，宣布實行「新政」。張之洞成為「參預政務大臣」，與劉坤一等人上《江楚會奏變法三摺》，該折成為清末新政大綱。一九〇三年，張之洞被召入覲，參與制定《奏定學堂章程》，該學制貫穿「中體西用」之精神，開啟了中國教育體制的近代化進程。後來他又與張百熙等人上奏請求試辦遞減科舉，獲批。一九〇五年，袁世凱領銜會同張之洞等督撫奏請「立停科舉」獲准，科舉制度在中國徹底宣告結束。

為發展近代教育，張之洞創辦了自強學堂、三江師範學堂、湖北農務學堂、湖北武昌蒙養院、湖北工藝學堂、慈恩學堂、廣雅書院等。工業上，他創辦漢陽鐵廠、大冶鐵礦、湖北槍炮廠等。

一九〇七年，張之洞為大學士、軍機大臣，進入朝廷權力中樞，後出

蛇山首義公園抱冰堂

任憲政編查館大臣，參與立憲事宜。一九〇八年十一月，以顧命重臣晉太子太保。次年病卒。

張之洞性情乖僻，自命不凡，愛作詩出聯，言行多與常人迥異。相傳孫中山回國後曾拜會張之洞，遞呈一張「學者孫文求見之洞兄」的名帖。張之洞見後很不高興，心裡嘀咕：「一個平民布衣，竟敢與我這封疆大吏稱兄道弟，簡直不知天高地厚。」便在那帖子背面寫了上聯：持三字帖，見一品官，儒生竟敢稱兄弟！然後叫門房把名帖還給孫中山。孫中山一看便知這位張大人瞧不起自己，討來筆墨對了下聯：行千里路，讀萬卷書，布衣亦可傲王侯！張之洞看後一驚，心想此人行文不俗，流露出一股少有的豪邁之氣，日後定當有大作為，便馬上禮請入衙。

張之洞的身體素質很好，工作起來通宵達旦，夜以繼日，能夠二十四小時不斷工作，而且十多晝夜，眼睛都不閉一下。旁邊秘書安排三班制來陪護他工作，每班都有人挺不住。張總督是以單位為家的楷模，「無論大寒暑，在簽押房內和衣而臥，未嘗解帶」。

紀念這位名臣的抱冰堂在武昌蛇山首義公園內。

第四節 · 百家譜

> 思為千古之師,術為一時之冠,
> 醫為一方之德,才為百代之范。

思想大家

季梁:中國古代民本思想先驅

季梁,又稱季良、季氏梁,春秋時期的政治家、思想家,為隨國大夫,是中國古代民本思想的先驅。

季梁對隨楚關係格局影響重大。針對隨侯重神輕民的思想,他提出「民為神主」的思想,民本思想是其哲學思想的精髓。在勸諫隨侯時,他提出的「修政而親兄弟之國」的主張,是其政治思想的集中體現。季梁提出的「先和不許而後戰」「怒我而怠寇」「避實擊虛」的軍事策略蘊含

隨州文化公園(曾用名「季梁生態文化公園」)

著樸素唯物主義和辯證法思想，在西周至春秋初期無人能及，連春秋末期著名的軍事家孫武也學習他的軍事策略，由此可見季梁的軍事思想在中國軍事史上的地位。

季梁的哲學思想、政治主張及軍事策略，是隨國一段時間內成為漢東大國的重要原因。可惜當時的隨侯沒有始終踐行季梁的治國方略，致使隨國四面樹敵，最終被楚國消滅。季梁因此鬱鬱而終。

季梁死後，葬於今湖北隨州城東義地崗。

楊守敬：晚清民初學者第一人

楊守敬（1839-1915），湖北宜都人，譜名開科，榜名愷，後更名守敬，晚年自號鄰蘇老人，被譽為「晚清民初學者第一人」。

楊守敬塑像

楊守敬一生勤奮治學，博聞強記，以長於考證著稱於世，是一位集輿地、金石、書法、泉幣、藏書以及碑版目錄學之大成於一身的大學者，一生著述達八十三種之多。在古籍版本和金石學界頗負盛譽的楊守敬，也是一位卓有成就的古泉學家和著名書法家。他的相關著作有《水經註疏》《水經注圖》《歷代輿地圖》《望堂金石初集》《望堂金石二集》《寰宇貞石圖》《鄰蘇老人手書題跋》等，並撰有《日本訪書志》。他的代表作《水經註疏》是「酈學」史上的一座豐碑。他一生雖未曾中進士，但在學術界卻頗負盛名，被譽為「開輿地學之新紀元」的歷史地理學家。他的書法在其眾多的成就中，位列第三，但這絲毫不影響其在中國書法史上「亦足睥睨一世，高居上座」的地位。

楊守敬故居位於湖北省宜都市。楊守敬書院風景名勝區位於宜都市高壩洲庫區。

王葆心：現代方志學奠基人

王葆心（1867-1944），字季薌，一字晦堂，湖北羅田大河岸鎮古樓沖人。

一八八九年，張之洞在湖北創建兩湖書院，該書院人才濟濟，各科教習皆為一時之選。一八九一年，王葆心進入兩湖書院學習，這一時期，書院的整體風氣和業師的治學門徑對王葆心產生了重要的影響。

王葆心

一八九〇年起，王葆心先後受聘出任鄖中博通書院院長、羅田義川書院院長、潛江傳經書院院長。

一九〇三年，王葆心取中湖北鄉試第三名舉人。一九〇七年，王葆心應召入京，調任京都任學部總務司行走，兼圖書館編纂，後任學部主事，並被禮部聘為禮學館纂修。

王葆心博覽群書，熟悉地方文獻，晚年於方志學致力尤勤。在主持湖北通志館籌備工作以後，他博覽全國志書達一萬四千餘卷，對其記載內容、取材方法、編纂體例等進行考證、對比和鑑別，在「辨抄襲、正謬誤、審體例，尋因革」的基礎上，找出其中融會貫通的脈絡、體例變革的原因和切實可行的經驗，撰為《方志學發微》一書。在《方志學發微》成書之前，他先撰成《重修湖北通志條例議》一卷，作為當時修湖北志的方案。該書中他所提出的修志意見和方法，受到方志學界的高度評價。

王葆心墓位於湖北羅田大河岸鎮滾石坳村。一九五七年，湖北省人民政府為「嘉其學行」，重修王葆心墓。董必武借鑑其詩，親題輓聯「楚國以為寶，今人失所師」，以表墓門。湖北省文史研究館為其撰文立碑紀念。

熊十力：新儒家開山祖師

熊十力（1884-1968），原名升恆，字子真，湖北黃岡人，新儒家開山祖師，其哲學思想對中國思想界影響深遠。熊十力與牟宗三、唐君毅、徐復觀、張君勱、梁漱溟、馮友蘭、方東美被後人並稱為「新儒學八大家」。

熊十力的哲學觀點以佛教唯識學重建儒家形而上道德本體，其學說影響深遠，在哲學界自成一體，「熊學」研究者也遍及中國和海外，《大英百科全書》稱「熊十力與馮友蘭為中國當代哲學之傑出人物」。

熊十力堅持民族的生存與其獨立的哲學和文化息息相關。從這個觀點出發，他對中國傳統儒家學說的研究達到了廢寢忘食的程度，並有《讀經示要》等儒學著作傳於後世。一九四四年，熊十力《新唯識論》付梓，由重慶商務印書館作為中國哲學學會中國哲學叢書甲集第一部著作出版。該書集中反映了熊十力的哲學思想，它的出版標誌著熊十力哲學思想體系走向成熟。此書與稍後出版的《十力語

熊十力

要》《十力語要初續》等書一起，構成了熊十力新儒家哲學思想的體系。他還著有《原儒》《體用論》《明心篇》《佛家名相通釋》《乾坤衍》等書。

熊十力故居坐落在黃岡市上巴河鎮熊坳村張家灣。熊十力逝世後，家鄉人民將其骨灰運至故鄉安葬。熊十力墓坐落在湖北省團風縣上巴河鎮張家灣通村公路旁的一個山嘴上，由原黃岡縣政府於一九八一年修築，為縣級文物保護單位。

王亞南：經濟史學開拓者

王亞南（1901-1969），湖北黃岡人。中國馬克思主義經濟史學的重要奠基人之一，中國著名經濟學家和教育家，首倡「中國經濟學」概念，首譯《資本論》。

「地主經濟論」作為王亞南的重要理論創新，令學術界耳目一新，開

拓了國人的視野，也為國際史學界所矚目。關
於中國半封建半殖民地經濟形態的理論研究，
是王亞南一生中最為傑出的貢獻。他的代表作
《中國經濟原論》以及《中國地主經濟封建制度
論綱》《中國官僚政治研究》等，是對中國的新
民主主義革命理論的極大發展和完善。在中國
古史分期的學術討論中，王亞南是堅持「西周
封建說」的著名學者。

王亞南

王亞南和郭大力花費十年心血，克服重重困難，於一九三八年出版馬
克思《資本論》的三卷全譯本，該譯本成為馬克思經濟學說在中國系統
傳播的里程碑。

作為曾經的廈門大學校長，三十餘年的教師生涯為王亞南提供了大量
的教學實踐和辦學實踐，對於人才的培養、學校的發展、治學的方法等
都有一定的研究，他將教育實踐與馬克思主義理論相結合進行深入的思
考，為我國教育理論的完善和發展提供了借鑑作用。如今，有王亞南塑
像立於廈門大學經濟學院之前，聽書聲朗朗，望後繼不絕。

科技巨星

陸羽：「茶聖」

陸羽（733-約 804），復州竟陵（今湖北天門）人，唐代著名的茶學
家，被譽為「茶仙」，尊為「茶聖」，祀為「茶神」。其所創造的一套茶
學、茶藝、茶道思想，及其所著的世界第一部茶葉專著《茶經》，在中國

茶文化史上是一個劃時代的標誌。

陸羽一生嗜茶，精於茶道。他對茶葉有濃厚的興趣，長期實地調查研究，熟悉茶樹栽培、育種和加工技術，並擅長品茗。唐朝上元元年（760年），他隱居江南各地，撰《茶經》三卷，該書成為世界上第一部茶葉著作。

陸羽遍歷長江中下游的廣大地區，考察蒐集了大量第一手的茶葉產製資料，並

陸羽塑像

積累了豐富的品泉鑑水的經驗，撰下《水品》一篇，可惜今已失傳。但同代文人張又新在《煎茶水記》裡，曾詳細地開列出一張陸羽品評過的江河井泉及雪水等共二十品的水單。如廬山康王谷水簾水第一，無錫惠山寺石泉水第二，蘄州蘭溪石下水第三，而把揚子江中心的中泠泉（在今鎮江，又稱「南泠泉」）列為第七品。有意思的是張又新還記下了一個真實的故事：湖州刺史李季卿在揚子江畔遇見了在此考察茶事的陸羽，便相邀同船而行。李季卿聞說附近揚子江中心的南零水煮茶極佳，即令士卒駕小舟前去汲水。不料士卒於半路上將一瓶水潑灑過半，偷偷舀了岸邊的江水充兌。陸羽舀嘗一口，立即指出「此為近岸江中之水，非南

零水」。李季卿令士卒再去取水，陸羽品嚐後，才微笑道：「此乃江中南零水也。」取水的士卒不得不服，跪在陸羽面前，告知了實情，陸羽的名氣隨後也就越發被傳揚得神乎其神了。

湖北省天門市至今還有不少與陸羽有關的遺跡。

畢昇：活字印刷術發明人

畢昇（？-約 1051），湖北省黃岡市英山縣人，在宋仁宗慶歷年間發明活字印刷術。活字印刷術的發明是印刷史上的一次偉大革命，它是中國古代四大發明之一，它為中國文化經濟的發展開闢了廣闊的道路，為推動世界文明的發展作出了重大貢獻。

相傳畢昇為書肆刻工。在長期的雕版工作中，他發現雕版印刷最大的缺點就是每印一本書都要重新雕一次版，不但要用較長時間，而且加大了印刷的成本。如果改用活字版，只需要雕製一副活字模板，則可排印任何書籍，活字可以反覆使用。雖然製作活字工藝複雜，但以後排印書籍則十分方便。正是在這種啟示下，畢昇發明了膠泥活字印刷技術，在膠泥片上刻字，一字一印，用火燒硬後，便成活字。活字印刷術具有一字多用、重複使用、印刷多且快、省時省力、節約材料等優點，比整版雕刻經濟方便，是印刷技術史上的一次質的飛躍，對後世印刷術乃至世界文明的進步有著巨大而深遠的影響。十三世紀至十九世紀，畢昇發明的活字印刷術傳遍了全世界。

千百年來，畢昇的身分一直是個謎。直到一九九〇年，湖北省英山縣草盤地鎮五桂墩村睡獅山麓出土了一方墓碑，經專家學者鑑定為畢昇墓。

畢昇塑像｜張新安攝

龐安時：北宋醫王

龐安時，自號蘄水道人，蘄水（今湖北浠水）人，被譽為「北宋醫王」。

龐安時以善治傷寒名聞當世，蘇軾曾贊其「精於傷寒，妙得長沙遺旨」，民間有「龐安時能與傷寒說話」之說。龐安時著意闡發溫熱病，主張把溫病和傷寒區分開來，對中醫外感病學而言是一大發展。

龐安時出生於世代行醫家庭，自幼聰明好學，讀書過目不忘。取黃帝、扁鵲脈書研讀，不久即通曉其說，並能闡發新義。後來龐安時因病耳聾，但他並未放棄行醫，而是進一步鑽研《靈樞》《太素》《甲乙經》等醫書，經傳百家與醫藥有關者，亦無不涉獵，融會貫通。年方二十歲時，龐安時醫名就傳遍了江淮間。他性喜讀書，即使寒暑疾病也手不釋卷，一聽說有醫書出現，便購買閱讀。

龐安時雕像（由匯圖網提供）

　　龐安時生平講俠義，也愛鬥雞走狗、擊球、博弈。他為人治病，不分貴賤，招待食宿，尊老慈幼，就像是病在自己身上一樣；其中不治者，必定如實相告，不再治療；病家持金來謝，也不盡取，其醫德可稱高尚。晚年，他參考諸家學說，結合親身經驗，撰成《傷寒總病論》六卷，對張仲景醫學思想作了補充和發揮。

李時珍：「醫聖」

　　李時珍（1518-1593），湖北蘄春人，明代著名醫藥學家，明朝廷敕封為「文林郎」。他出生在三代相傳的醫戶人家，祖父是醫生，其父李言聞是當地有名的醫生，曾任太醫史目。

　　李時珍自幼熱愛醫學，二十三歲隨父學醫，醫名日盛。三十八歲時，因治好了富順王朱厚焜兒子的病而醫名大顯，被武昌的楚王朱英檢聘為王府的「奉祠正」，兼管良醫所事務。一五五六年被推薦到太醫院工作，

李時珍陵園內的李時珍雕像

授「太醫院判」職務。三年後,又被推薦上京任太醫院判。在行醫過程中,李時珍注重研究藥物,他發現四百年前的《本草經》差錯遺漏很多:許多有用的藥物沒有記載;有些藥物只記個名稱,沒有說明性狀和生長情況;還有一些藥物記錯了藥性和藥效。他想,病人吃錯了藥,就會鬧出人命來。於是,他萌生了重新修訂《本草經》的念頭。

李時珍先後到武當山、廬山、茅山、牛首山及湖廣、安徽、河南、河北等地收集藥物標本和處方,並拜漁人、樵夫、農民、車伕、藥工、捕蛇者為師,參考歷代醫藥等方面書籍九二五種,考古證今、窮究物理,記錄上千萬字札記,弄清許多疑難問題,歷經二十七個寒暑,三易其稿,一五七八年完成了一九〇餘萬字的巨著《本草綱目》,此外他對脈學

及奇經八脈也有研究。著述有《奇經八脈考》《瀕湖脈學》等。

相傳湖北黃岡浠水三角山國家森林公園的「採藥石」「療虎溝」就是李時珍當年採藥留下的痕跡。李時珍陵園位於湖北省蘄州城東南面的雨湖之濱。

李四光：地質力學奠基人

李四光（1889-1971），原名李仲揆，湖北黃岡人，中國著名科學家，是中國地質力學的創立者，中國現代地球科學和地質工作的主要領導人和奠基人之一，新中國成立後第一批傑出的科學家和為新中國發展作出卓越貢獻的元勛，二〇〇九年當選為「一百位新中國成立以來感動中國人物」之一。

中國著名地質學家李四光

關於李四光名字的由來有則趣談。一九〇二年，李仲揆來到武昌報考高等小學堂，填寫報名表時，可能是太緊張了，他誤將年齡「十四」填在了姓名欄裡。發現寫錯後，他因為家裡窮，捨不得花錢再買一張表格，正在犯難，抬頭看見前面大廳正中掛的橫匾上有「光被四表」這四個字。他急中生智，將錯寫在姓名欄中的年齡「十四」中的「十」多加幾筆變成「李」，在「四」字後面加一「光」字，將自己的名字改為李四光。李四光這個名字後來便被載入中國乃至世界科學的史冊。

李四光畢業於英國伯明翰大學，並獲博士學位，歷任中國科學院副院長、中科院古生物研究所所長、地質部部長等職。他是北京地質學院（中

國地質大學的前身）的創建者之一，也是東北地質學院的首任院長。他的著作有《中國地質學》《地質力學概論》《地震地質》《天文、地質、古生物》等。李四光的一生，為中國甩掉「貧油」帽子、創立地質力學理論和中國「兩彈」的研發作出了重大貢獻。

李四光紀念館位於湖北省黃岡市馳名中外的東坡赤壁風景區東側、風景優美的龍王山南麓。

李濟：中國考古學之父

李濟（1896-1979），湖北鍾祥郢中人，人類學家，被稱為中國考古學之父。他一九一一年考入留美預科學校清華學堂；一九一八年官費留美，入麻省克拉克大學攻讀心理學和社會學，並於當年改讀人口學；一九二〇年獲得社會學碩士學位後，轉入美國哈佛大學，讀人類學專業，獲哲學博士學位；一九二二年，李濟哈佛大學畢業後返回祖國並受聘於清華大學，任國學研究院講師。

著名人類學家李濟（由中國圖庫提供）

一九二六年，仰韶文化遺址發掘便是由李濟全面主持，而他也因此成為第一位挖掘考古遺址的中國學者。一九三〇年，他主持濟南龍山鎮城子崖遺址發掘，讓龍山文化呈現於世人面前。如今，仰韶文化和龍山文化已成為中國遠古歷史的標誌性術語，許多對考古學一竅不通的人竟也耳熟能詳。

一九二八至一九三七年，李濟主持了河南安陽殷墟發掘，這次發掘不僅在國內外學術界引起轟動，而且使傳說中的殷商文化變為信史，並由此將中國的歷史向前推移了數百年。直至今日，它依舊被視為人類文明史上最重大的發掘之一。現今關於商代的知識很大程度上是由李濟劃定的。他領導的安陽發掘，對二十世紀下半葉的中國考古學的發展起了決定性的影響，我國許多名揚天下的考古學家乃至考古學界的泰斗級人物如夏鼐等，都是在安陽接受的考古學訓練。

　　作為現代意義上中國的第一位考古學家，李濟個人的研究取向與成就對中國考古學產生了深遠的影響。他堅持以第一手的材料作為立論依據，並主張考古遺物的分類應根據可定量的有形物品為基礎。同時，他從文化人類學的觀點詮釋考古資料，並不以中國的地理範圍限制中國考古學的研究問題。著名考古學家張光直曾說：「就中國考古學而言，我們仍活在李濟的時代。」

　　李濟故宅位於湖北省鍾祥市郢中鎮雙眼井附近。李濟紀念館位於鍾祥新博物館中。

朱光亞：中國科技眾帥之帥

　　朱光亞（1924-2011），湖北武漢人，中國核科學事業的主要奠基人之一，吉林大學物理系創始人之一，「兩彈一星功勛獎章」獲得者，入選「感動中國二〇一一年度人物」，被譽為「中國工程科學界支柱性的科學家」和「中國科技眾帥之帥」。

　　朱光亞一九四五年畢業於西南聯合大學，一九五〇年獲美國密執安大學博士學位，一九八〇年當選為中國科學院學部委員（院士），一九九一

年任中國科協主席，一九九四年
被選聘為首批中國工程院院士並
任中國工程院院長、黨組書記，
一九九六年五月被推舉為中國科
協名譽主席，一九九七年後擔任
南京大學校友總會名譽董事長，
一九九九年一月任總裝備部科技
委主任。二〇〇二年五月獲南京

朱光亞

大學「世紀校友學術成就金質獎章」。

我國原子彈和氫彈的許多關鍵技術正是在朱光亞的領導下被一步步攻克，原子彈、氫彈的歷次試驗也是在他的組織之下得以完成。朱光亞還相繼組織實施了核電站籌建（如秦山核電站）、核燃料的生產以及放射性同位素應用等項目的研究開發計劃，並參與了「863 計劃」的制定與實施，還為中國工程院的籌建工作立下汗馬功勞。

二〇〇四年十二月，為表彰朱光亞對我國科技事業特別是原子能科技事業發展作出的傑出貢獻，國際小行星中心和國際小行星命名委員會批准將我國國家天文台發現的、國際編號為 10388 號的小行星正式命名為「朱光亞星」。

翰墨雄才

尹吉甫：中華詩祖

尹吉甫，姓兮，字伯吉父，房陵（今湖北十堰房縣）人。據說是《詩

經》的主要採集者，也是軍事家、詩人、哲學家，被尊稱為「中華詩祖」。

尹吉甫雕像

西元前八二八年，周宣王姬靖繼位，選賢用能，國家興旺，周室中興。尹吉甫智力超群，博學多才，周宣王對他十分器重，他也對周宣王特別忠誠。周宣王封他為太師。當時北玁狁入侵宗周，進攻到了涇水北岸，形勢相當吃緊。周宣王五年（西元前 823 年），尹吉甫奉命對玁狁進行反擊並取得勝利，乘勝追擊至平遙一帶駐防。尹吉甫還曾奉命在成周一帶徵收南淮夷等族的貢賦。有一件很有名的青銅器兮甲盤，記載了尹吉甫征伐玁狁有功受賞及向淮夷征貢賦等事蹟。《詩經·六月》比較詳細地記載了尹吉甫伐玁狁之事。尹吉甫文武雙全，文能治國，武能安邦。周宣王親命大臣作詩為頌，「文武吉甫，天下為憲」。尹吉甫晚年被流放至房陵。他輔佐過三代帝王，後周幽王聽信讒言，殺了他。不久，幽王知道錯殺，便給他做了一個金頭進行厚葬。為了防止盜墓，還修建了真真假假十二座墓葬於今房縣青峰山。

古房陵有與中華文明幾乎同步的文明史，千里房陵的故土有著大量的尹吉甫的文化遺存。西周以後的封建王朝一直把尹吉甫推崇為「忠義」至尊的化身，後來他一直成為王公大臣們做人為官的典範。歷朝歷代官員不惜動用大量人力、物力、財力為尹吉甫在故地修建各種紀念性的廟宇等，在對其進行紀念的同時，更是為了啟迪後人以他為「忠孝」的榜樣。

尹吉甫和《詩經》密不可分。《詩經》中有專門的篇章用來對尹吉甫的功績進行讚揚；部分篇章則是尹吉甫親筆所作，如《大雅》中的《崧高》《烝民》《韓奕》《江漢》諸篇。

屈原：世界四大文化名人之一

屈原（約前 340-約前 278），戰國時楚國詩人、政治家，出生於丹陽（今湖北宜昌秭歸縣），是楚武王熊通之子屈瑕的後代。他是我國偉大的愛國詩人和浪漫主義文學的奠基人，被譽為「辭賦之祖」，「楚辭」的創立者和代表者，開闢了以「香草美人」意象入詩的傳統，中國詩歌也就此進入一個由集體歌唱到個人獨唱的新時代。

屈原是個詩人，從他開始，才有了「楚辭」（也稱「騷體」）這種文體，中國浪漫主義文學就此產生。《楚辭》與《詩經》並稱「風騷」，對後世詩歌產生了深遠影響，有「衣被詞人，非一代也」之說。屈原筆下的《離騷》《九歌》《九章》《天問》等都成為不朽的傳世名作。一九五三年，世界和平理事會通過決議，確定屈原為當年紀念的世界四大文化名人之一。

屈原塑像

屈原也是楚國重要的政治家，早年曾在楚國任左徒、三閭大夫，兼管內政外交大事。吳起之後，在楚國另一個主張變法的就是屈原。他提倡「美政」，主張對內舉賢任能，修明法度，對外力主聯齊抗秦。因遭貴族排擠誹謗，他被先後流放至漢北和沅湘流域。周赧王三十七年（西元前278年），秦國再次攻楚，占領郢都，楚頃襄王被迫遷都於陳（今河南淮陽）。消息傳來，屈原重返郢都的希望徹底破滅，於是作詩篇《懷沙》，再次抒發忠貞愛國的情懷和「受命不遷」的崇高志節，傾訴了鬱積於心頭的苦悶，然後投汨羅江而死。人們將那一天定為端午節，用吃粽子、賽龍舟的方式來紀念他。

屈原故里文化旅遊區位於湖北省宜昌市秭歸縣。屈原墓位於湖北省宜昌市秭歸縣鳳凰山屈原故里景區內。

宋玉：風流儒雅辭賦家

宋玉，戰國時期鄢（今湖北宜城）人，生於楚頃襄王時期。作為為屈原弟子，宋玉同好辭賦，為屈原之後著名的辭賦家。相傳他所作辭賦甚多，《漢書‧藝文志》錄其賦十六篇，今多亡佚。「下里巴人」「陽春白雪」「曲高和寡」「宋玉東牆」諸多典故皆因他而產生。

宜城宋玉雕像

西元前二二三年，楚國為秦所滅，宋玉也於這一年死去。死後三日，他的學生和當地群眾曾舉行過一個簡單的葬禮，並把棺材抬到浴溪河南岸與水匯合的一座小山下準備埋葬。忽然風雲突變，狂風大作，暴雨傾盆而下，抬棺群眾便奔

向附近人家。雨止重返時，卻見一個大墳堆呈現在面前。於是一個「菩薩天憐埋宋玉，忠魂永傍道水塋」的故事便流傳開來。漢代初年，當地有識之士為宋玉立下一塊石碑，題為「楚大夫宋玉之墓」。

鄢郢之宋玉墓，在今湖北宜城臘樹園村中。清嘉慶年間重修墓碑，碑文中「陽春白雪千人廢，暮雨朝雲萬古疑」等句，說的是郢中故事和宋玉侍奉楚襄王的事蹟。今湖北鍾祥還有「陽春白雪」巨碑和嘉靖皇帝之父興獻王親製的《陽春台賦》漢白玉石巨碑。

孟浩然：山水田園詩派開創者

孟浩然（689-740），襄陽（今湖北襄陽）人，世稱孟襄陽。因他未曾入仕，又被稱作「孟山人」，是著名的田園隱逸派和山水行旅派詩人。早年孟浩然隱居鹿門山，四十歲時仍未考中進士，於是在江淮吳越漫遊數年。後為荊州長史張九齡幕僚，不久歸隱。

孟浩然畫像

孟浩然的詩很多都是五言絕句。因為他並未做官而是長期隱逸田園，淡泊名利，所以他的詩清新自然卻又充滿意境，雖不無憤世嫉俗之詞，但更多屬於詩人自我感情的抒發。李白很喜歡孟浩然的詩，曾寫詩說：「吾愛孟夫子，風流天下聞。」傳說孟浩然曾向玄宗獻詩，詩中有「不才

襄陽孟浩然紀念館

明主棄，多病故人疏」一句，玄宗不高興地說：「你又沒有求仕，我哪裡棄用你了，為什麼要誣告我？」於是將孟浩然放歸襄陽。

孟浩然墓在襄陽市襄城區東風林南麓。《湖北通志》記載，其墓在唐德宗年間被損壞，節度使樊澤「乃更為刻碑」並「封寵其墓」。清末孟浩然墓僅存土冢。

孟浩然紀念館於二〇〇三年新建，位於襄陽市鹿門山。鹿門山上有座鹿門寺。據當地縣誌記載，東漢光武帝與近臣在此夢見神廟，遂建寺紀念。孟浩然當時就隱居於此。在鹿門寺後二百米遠的山腰處有一口八角井，又稱「八卦井」。無論天乾地旱多麼嚴重，井中之水始終保持一樣的

水位，實在神奇。民間傳說孟浩然就是常飲此泉，又接山中靈氣，才有蓋世之詩情。

李白：流連荊楚之詩仙

李白（701-762），唐代偉大的浪漫主義詩人，被譽為「詩仙」。有《李太白集》傳世，其代表作有《望廬山瀑布》《蜀道難》《將進酒》等。李白所作詩篇，就其開創意義及其藝術成就而言，享有極為崇高的地位。

李白像

唐玄宗開元年間，二十七歲的李白「仗劍去國，辭親遠遊」來到湖北安陸，自稱「酒隱安陸，蹉跎十年」。在這裡，他同前宰相許圉師的孫女成婚，生育了一雙兒女。十年期間，他以安陸為中心，西入長安，東遊吳越，南泛洞庭，北抵太原，寫下了一百餘首膾炙人口的作品。安陸由此成為詩人李白的第二故鄉。安陸人民為了紀念李白，自晚唐以來即在城西建有太白樓。然而，這些遺址遺跡最終都在戰火硝煙和滄桑歲月中消逝，為後人留下深深的遺憾。

湖北安陸的白兆山得名始自南北朝時期的北周。李白「酒隱安陸」期間同許氏婚後居住於白兆山下，寫下《山中問答》《春夜宴從弟桃花園序》《安陸白兆山桃花岩寄劉侍御綰》等篇章。該山距大安山（李白婦翁許家舊宅）約五公里。山的西南麓現有桃花岩、白兆寺、李白讀書檯、太白堂、紺珠泉、洗腳池、洗筆池、長庚書院，山頂有銀杏樹等與李白有關的遺址、遺跡。

白兆山李白故里紀念館

　　李白紀念館位於國家 4A 級旅遊景區白兆山。

寇準：親民報國官員詩人

　　寇準（961-1023），北宋政治家、詩人，太平興
國進士，授大理評事，知歸州巴東縣。歷同知樞密院
事、參知政事。後兩度入相，一任樞密使，出為使
相。他是歷事太宗、真宗、仁宗三朝的元老，傑出的
「官員作家」，與白居易、張仁願並稱「渭南三賢」。
後人多稱其為「寇忠愍」「寇萊公」「寇巴東」。

寇準像

　　寇準十九歲入仕，授大理評事，二十歲時外放任巴東縣令，深得巴東
人民的愛戴。寇準來巴東做縣令時，巴東是窮鄉僻壤，人煙稀少，當地
百姓多以狩獵為生。青年寇準跋山涉水，了解民情；登岩攀崖，遍訪農
戶；上奏朝廷，請求減輕農民賦稅；以身示範，勸農稼穡；清廉勤政，

秉公執法。不到半年，巴東政通人和、社會安定，百姓安居樂業、農商興旺。

為勸說巴東百姓棄獵務農，寇準在城郊選了塊田地親自耕種，並教導當地百姓栽種穀物桑麻，壘池蓄水澆灌農田。他在田地路邊建了座亭子，派人在亭中推廣外地先進的農耕技術。他離開巴東後，人們就把這個亭子稱作「勸農亭」。寇準「勸農」施政後，巴東一度出現「無曠土，無遊民」的好景象。湖北省巴東縣野三關鎮，至今還留有「勸農亭」遺址。

巴東縣衙前，寇準曾栽有雙柏，以示為官清正、高潔守操。他還特意請人鑄造了一隻大鐵權置於巴東公堂之下，以示民情重大、處事公平。不知哪年火災，重建縣衙時，將鐵權移至黃桷樹下。巴東縣信陵鎮後來

巴東秋風亭

有民間傳說，寇公將鐵權移至黃桷樹下，是為了平衡江水中的秤桿石。秤桿石的秤桿頭朝江心，秤桿尾朝岸上，江水漫過石頂，會在此翻起麻花浪。舟船過往，常在此觸礁遇險。傳說寇公做縣令時，曾夢見神人提示，可用巨石鑿一秤砣，放在城內的大黃桷樹下，調整風水的不平衡，減少行船禍災。寇公照夢中所行，果然從此秤桿石再未發禍端。

巴東城還建有一座秋風亭，寇準經常在這個地方吟詩作賦，與人談笑風生。他就任宰相後，秋風亭的名氣越來越大。歷屆巴東縣令認為此乃吉祥之處，上任前必到秋風亭飲酒賦詩，留宿一夜，祈求官運亨通。來巴東的文人雅士也必到秋風亭思古尋幽、吟詩作畫，蘇軾、蘇轍、陸游及後代名士多有憑弔佳篇。

寇準善詩能文，七絕尤有韻味，有《寇忠愍詩集》三卷傳世。作為一名親民報國的「官員詩人」，他的詩作充溢著一代清官的高風亮節與遠大志趣。寇準在巴東任職三年，創作大豐收，僅《巴東集》裡就收錄四百多首詩作，大多歌頌巴東民俗風光。他在秋風亭作了一首詩《春日登樓懷歸》，成為流傳千古的佳作。

歐陽修：文壇領袖

歐陽修（1007-1072），字永叔，號醉翁、六一居士，北宋政治家、文學家，且在政治上負有盛名。他官至翰林學士、樞密副使、參知政事，諡號文忠，世稱歐陽文忠公。累贈太師、楚國公。與韓愈、柳宗元和蘇軾合稱「千古文章四大家」。與韓愈、柳宗元、蘇軾、蘇洵、蘇

歐陽修像

轍、王安石、曾鞏被世人並稱為「唐宋八大家」。

歐陽修在宋代文學史上具有開風氣之先的重要作用，他曾力主進行詩文革新，對韓愈的「志在古道」理論進行極大的發展，對北宋乃至中國古代文學的發展作出了巨大貢獻。歐陽修在變革文風的同時，也對詩風詞風進行了革新。在史學方面，他也有較高成就。

一〇三六年，朝廷大臣范仲淹由於直言諫事被貶，身為宣德郎的歐陽修為之鳴不平，因此被貶夷陵縣令（今湖北省宜昌市）。文壇領袖歐陽修雖被貶為夷陵縣令，但「為政風流」，在此留下《原弊》《本論》《春秋論》《易或問》《明用》《易童子問》等名篇，並完成了《新五代史》的撰稿工作。《歐陽文忠公全集》七百餘篇詩文中，直接涉及夷陵的達一百篇以上，占全集篇目的百分之二十左右。

歐陽修為神奇秀美的夷陵山川名勝所吸引，常或與峽州判官丁元珍等友人出遊，或獨自前往，遍遊夷陵的古寺、奇洞、清溪、名峽，寫景抒情，情景交融，留下不朽的佳篇。如《夷陵九詠》《黃楊樹子賦》《夷陵縣至喜堂記》《峽州至喜亭記》等作品，是夷陵乃至中華民族文學寶庫中的一筆珍貴的遺產。宜昌市三游洞中尚存他於一〇三七年留下的題名刻石，具有極高的歷史價值、文物價值和觀賞價值。

蘇東坡：千古風流人物

蘇軾（1037-1101），號東坡居士，世稱蘇東坡。他是宋代文學藝術最高成就的代表。其詩題材廣闊，清新豪健，善用誇張比喻，獨具風格，與黃庭堅並稱「蘇黃」；其詞開豪放一派，與辛棄疾同是豪放派代表，並稱「蘇辛」；其散文著述宏富，豪放自如，與歐陽修並稱「歐蘇」，為「唐

東坡遺風｜許衛東攝

宋八大家」之一；蘇軾亦善書，為「宋四家」之一；他工於畫，尤擅墨竹、怪石、枯木等。有《東坡七集》《東坡易傳》《東坡樂府》等傳世。

蘇軾因烏台詩案被降為黃州（今湖北黃岡）團練副使。初到黃州的蘇東坡寄居在定惠院，在此期間，他與安國寺繼連和尚交往甚密，每隔一月就到安國寺澡堂洗頭洗澡。蘇東坡希望通過洗頭洗澡洗淨身上的污穢，從而洗盡人世間的榮辱。寓居定惠院的蘇東坡因家眷二十多人的到來而遷居臨皋亭。成為千古絕唱的赤壁二賦一詞，就是在臨皋亭誕生的。

謫居黃州剛好一年時，蘇東坡因薪俸斷絕，生活日益艱辛。太守徐君猷體諒蘇東坡的艱難，將一塊廢棄的軍營地無償交給他使用。廢棄軍營地因其東低西高，黃州人將其稱之為「東坡」。當年大旱，蘇東坡飽嘗開荒種地的艱辛，為了永遠記住這一段刻骨銘心的歲月，他為自己取了一個別號，這就是「東坡居士」。

蘇東坡在東坡的高處建造了五間茅草房，自以為這才是平生最為得意之所，自題門額謂之「東坡雪堂」。不朽名篇《雪堂記》便是因此而作。從臨皋亭到東坡躬耕，途中有一段路叫黃泥阪。蘇東坡每天行走在黃泥阪上，感慨頗多。《黃泥阪詞》即為此所作。淮南使蔡景繁巡視黃州，當他親眼看見蘇東坡因自己的到來僑寓他宅的難堪之景時，出於關照之情，叮囑黃州官員給蘇東坡單獨建造幾間房子。蘇東坡於欣喜中將其命名為「南堂」。

蘇東坡到黃州的當年，曾在天慶觀齋居四十九天。他還常到乾明寺、承天寺去焚香默坐。赤壁、東城南堂、聚寶山、徐公洞、四望亭、涵暉樓、君子泉、柯山、春草亭等都是他經常遊玩的地方，並留下了無數千古流傳之作。

米芾：書畫學博士

米芾（1051-1107），祖籍山西，遷居湖北襄陽，後定居潤州，北宋書法家、畫家，曾任校書郎、書畫博士、禮部員外郎。米芾能詩文、擅書畫、精鑑別，與蔡襄、蘇軾、黃庭堅被合稱為「宋代四大書法家」。他的個性十分古怪，常常對石頭稱兄道弟並表示崇拜，行為舉止不同於常人，因此有「米顛」之稱。後人也稱他為「米襄陽」「米南宮」。

米芾生活的時代，文人畫已經發展得相當成熟，繪畫的選題來源十分廣泛，人物、山水、松石、梅、蘭、竹、菊都可以作為繪畫題材。他在山水畫上成就最大，但他不喜歡危峰高聳、層巒疊嶂的北方山水，更欣賞的是江南水鄉瞬息萬變的「煙雲霧景」，是「天真平淡」「不裝巧趣」的風貌。所以他在藝術風格上追求的是自然。他所創造的「米氏雲山」

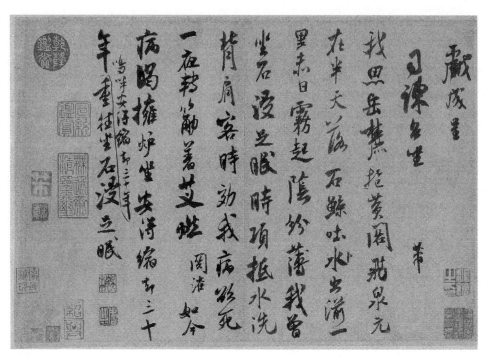

米芾書法

都是信筆作來，煙雲掩映。

在書法上，米芾也頗有造詣，擅長篆、隸、楷、行、草等書體，成就以行書為最大，臨摹古人書法達到亂真程度。他的主要書法作品有《多景樓詩帖》《虹縣詩帖》《拜中嶽命作帖》等。南宋以後的許多著名匯帖都以他的書法篆刻而成，並且產生了很大的影響。康有為曾說：「唐言結構，宋尚意趣。」意為宋代書法家講求意趣和個性，而米芾在這方面尤其突出。米芾習書，自稱「集古字」，雖有人以為笑柄，但這恰恰是米氏書法最大的成功之處。根據米芾自述，在聽從蘇東坡之言學習晉代書法以前，他受顏真卿、歐陽詢、褚遂良、沈傳師、段季展五位唐人的影響最深。

米芾紀念館（米公祠）位於湖北襄陽樊城區沿江路西段，原名米家庵。

公安三袁：開宗立派文壇三兄弟

公安三袁，即明代晚期三位袁姓的散文家兄弟，他們分別是袁宗道、袁宏道、袁中道。由於三袁是荊州公安縣長安里（今屬湖北荊州）人，其文學流派世稱「公安派」或「公安體」。

公安三袁塑像

袁宗道（1560-1600），公安派的發起者和領袖之一。他在文學上既反對模擬復古，又注重學習前人「古文貴達」的精神，先後發表《論文》上下兩篇，在中國文學史上起過重要的作用，至今仍有一定的進步意義。萬曆二十六年（1598年），三袁共同發起「蒲桃社」，開展吟詩撰文、抨擊「七子」的活動。著有《白蘇齋集》二十二卷行世。

袁宏道（1568-1610），公安派主帥。他在山水遊記方面具有很高的造詣，其作品清新自然而又自成體系。他曾寫下《虎丘記》《晚遊六橋待月記》《滿井遊記》《徐文長傳》等名篇。袁宏道以「獨抒性靈，不拘格套」作為文學信條。後人將其全部詩文編為《袁中郎全集》行世。

袁中道（1570-1624），公安派領袖之一。他以豪傑自命，為人坦率磊落，遍交天下朋友，對老莊和佛教經典十分入迷。他系統地整理、校對、出版了兩胞兄及自己的著作，使「三袁」的作品及其文風發揚光大。他的著作有《珂雪齋集》《游居柿錄》等。

荊州公安孟家溪鎮東二公里處的桂花台，是三袁的家鄉。三袁故里為公安八景之一，有桂花台、擺腳堰、柳浪遺址、袁宗道與袁中道的合葬墓，是歷代文人墨客憑弔「三袁」的理想場所。

鍾惺、譚元春：竟陵派創始人

鍾惺（1574-1624）和譚元春（1586-1637）都是湖廣竟陵（今湖北天門）人，他們同為明代文學家，是「竟陵派」的創始人。

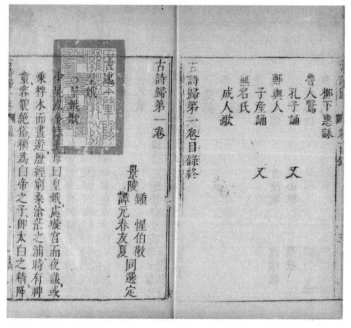

竟陵派作品《古詩歸》

鍾惺出身於書香門第，撰有《史懷》一書，評論古史，「多所發明，有古賢所不逮者」。天啟初年，鍾惺升任福建提學僉事，他在閩中仍倡幽峭詩風，並且參以禪旨，令人深感莫測高深，有「詩妖」之名。他與同裡譚元春評選唐人詩，作《唐詩歸》；又對隋之前的詩進行評選，作《古詩歸》，名揚一時，形成「竟陵派」，世稱他們為「鍾譚」。後人將他的詩文輯為《隱秀軒集》。

譚元春在文學創作上深受鍾惺的啟發，兩人具有十分類似的文學主張。其論文重視性靈，反對摹古，提倡幽深孤峭的風格，所作亦流於僻奧冷澀，有《譚友夏合集》。他提倡詩文抒寫性靈，反對擬古文風，提出：「法不前定，以筆所至為法」，「詞不准古，以情所迫為詞」。

鍾惺去世後葬於天門縣城南魯家畈（今天門李場公社），墓碑尚存。明清時，縣內立有「鍾譚合祠」，坊題「天下文章」。

余三勝：京劇界祖師爺

余三勝（1802-1866），湖北黃岡人，幼學漢戲，工老生，後改唱京劇。清朝嘉慶末年赴天津加入「群雅軒」票房。道光初年入北京，隸「春台班」，至道光中期，蜚聲梨園，是國粹「京劇」創始人之一。他是道光、咸豐年間名噪一時的「老生三傑」和「梨園三鼎甲」之一。

余三勝文武兼長，富於創新。在徽調漢劇合流形成京劇的過程中，他首先將漢調皮簧和徽調皮簧相結合，並吸收崑曲梆子的演唱特點，創作皮黃唱腔；又揉西皮、二黃、花腔為一體，創製二黃反調。在念白上，他將漢調基本語音與京、徽語音相結合。因他善於以唱腔表達人物的思

想感情，並把青衣小腔融於老生唱腔之中，形成獨特的風格，故為後輩所傚傚。《都門雜詠》有詩云：「時尚黃腔似喊雷，當年昆弋話無媒，而今倚重余三勝，年少爭傳張二奎。」

余三勝是京劇早期重要的奠基人，同時也是京劇人才的培養者。他奠定了徽劇以生為主的基礎，力主對皮黃聲腔曲調進行創造性改造，對京劇語言進行了以「湖廣音」「中州韻」為基礎的改造，後來其子孫承祖業，使「漢派」成為京劇主流。

京劇祖師余三勝

譚鑫培：京劇界鼻祖

譚鑫培（1847-1917），湖北武漢人，其父譚志道，工老旦兼老生。他曾師事程長庚、余三勝，並向張二奎、盧勝奎、王九齡問藝，博采眾長化為己有，終成一家，與汪桂芬、孫菊仙被譽為「新三鼎甲」，成為京劇發展過程中老生流派——譚派的創始人。光緒年間，他與孫秀華、陳德霖、羅壽山四人被選入昇平署進宮承差，宮內藝名為譚金培。

譚鑫培《定軍山》劇照

武漢市江夏區譚鑫培公園

　　譚鑫培對京劇老生表演的創新與發展，在京劇史上起到了繼往開來的作用。他開創的譚派，是我國傳統戲曲表演藝術的典型代表。許多京劇老生都以「譚派」自稱，這正是對其地位的肯定。譚鑫培以畢生的心血和精力，全面地繼承和發展了民族傳統的戲曲藝術。從他開始，老生藝術進一步走向規範化、體系化，基本奠定了京劇的格局。他在六十餘年的演劇生活中，上至宮廷王府，下至鄉鎮村野，占領過當時中國各式各樣的舞台，贏得了各個層次的觀眾。他出色地傳承了前輩程長庚、余三勝等徽派、漢派京劇藝術的精華，文武兼擅，昆亂不擋，唱念做打全方位發展，並且開「韻味派」之先河，使京劇逐漸趨入精美的境界。

　　譚鑫培公園位於武漢市江夏區紙坊城區以北。

聞一多：愛國民主鬥士

聞一多（1899-1946），湖北黃岡人，是堅定的愛國民主戰士，民主同

盟早期領導人，中國共產黨的摯友，新月派代表詩人和學者。

聞一多曾經在清華大學留美預備學校學習，並陸續在《清華週刊》發表了系列讀書筆記。一九二五年三月留美期間，他創作了《七子之歌》。隨後出版了自己的第二部詩集《死水》。一九三二年聞一多回到闊別已久的母校清華大學並任中文系教授。一九四六年七月十五日他在雲南昆明被國民黨特務暗殺。

聞一多不僅是偉大的詩人，也是一位傑出的學者，他是五四運動之後非常傑出的作家。他在創建格律體時，提出了「三美」的具體主張：詩的實力除了音樂美和繪畫美，還有建築美。聞一多博學多才，除新詩與古文學研究外，在美術、戲劇、書法、篆刻等方面也有相當高深的造詣。

聞一多熱愛祖國，愛國主義如同一條紅線貫穿他的一生，最後把他引向社會主義、共產主義。他一生的道路是曲折的，也曾經有過迷茫、失誤與苦悶，但是經過深思和中國共產黨的關懷與幫助，終於找到了真理，而一經找到了真理，他便義無反顧，不屈不撓，勇往直前，為實現

聞一多紀念館壁畫《紅燭序曲》｜李毅攝

真理而英勇奮鬥，直至獻出自己寶貴的生命。

聞一多紀念館位於湖北省黃岡市鳳棲山麓的清泉寺遺址上。

曹禺：戲劇泰斗

曹禺（1910-1996），祖籍湖北潛江，中國現代話劇史上成就最高的劇作家，被稱為「中國的莎士比亞」。

曹禺自小隨繼母輾轉各個戲院聽曲觀戲，故而從小便在心中種下了戲劇的種子。他的作品有《雷雨》《日出》《原野》《北京人》等。這些作品是中國現代話劇藝術走向成熟的重要標誌。他把歐洲近代戲劇的寫作技巧運用於中國的話劇創作，表現中國社會現實；他塑造了許多鮮明獨特的人物形象，特別是女性形象；他使劇本富於激情和詩意，特別是他創作的悲劇，震人心魄，發人深省；他還把生活中的口語加工成文學語言，使對話藝術趨向完美，在使劇本同時具有可讀性和可演性等方面，

曹禺祖居博物館

也取得了重大的成就。

作為卓越的戲劇教育家，曹禺為推動我國文學藝術事業和戲劇事業的繁榮發展建立了不朽功勳。一九三六至一九四一年，曹禺在中國第一所劇校任教六年，為我國培養了一批又一批戲劇專門人才。新中國成立後，曹禺長期兼任中央戲劇學院負責人，一直關心中戲的教育與建設，熱情鼓勵和支持藝術學子的追求和創新。

曹禺故居也是曹禺紀念館，位於湖北省潛江市園林城區曹禺公園內。

李贄：泰州學派一代宗師

李贄（1527-1602），明代著名的思想家和文學家，泰州學派的重要代表人物，歷任共城教諭、國子監博士，萬曆中為姚安知府。隨後棄官，寓居湖北麻城芝佛院。他在麻城講學時，從者數千人。晚年被誣下獄，最終自刎而死。

李贄像

李贄是明末異端思想的主要代表人物之一。他對商業發展十分重視，倡導個人要追逐私利，這迎合了明朝中後期商品經濟發展的社會需求，順應了時代潮流。其重要著作有《藏書》《續藏書》《楚書》《續焚書》《史綱評委》，他還批點了《水滸傳》《西廂記》《拜月亭》等。《藏書》是他最重要的代表作，一度成為禁書，在當時被指責為異端，卻引起極大的反響。

一五八一年，對官場失望的李贄辭職後來到湖北，成為朋友耿定理的家庭教師。在這期間，他在麻城多次進行講學，針砭時弊，男女老幼都前往聽講，李贄受到民眾的熱烈歡迎。

一五八四年，耿定理去世後，李贄移居麻城。第二年他派人將家眷送回泉州，自己一人住在麻城芝佛院，致力於讀書、講學和著述，歷十多年完成《初潭集》《焚書》等著作。在這期間，李贄勇敢地揭露道學家們的偽善面目，反對以孔子的是非觀為是非標準，批判的鋒芒直指宋代大理學家周敦頤、程顥、張載、朱熹。他對理學家的批判鞭辟入裡，絲毫不留情面，在當時引起極大的轟動。

一五八八年，李贄剃頭以示與鄙俗斷絕。這對傳統思想造成了強烈的衝擊，被當地的保守勢力視為「異端」「邪說」，群起圍攻，要把他驅逐出境。李贄旗幟鮮明地宣稱其著作是「離經叛道之作」，表示自己頭可斷而身不可辱，表現出視死如歸的英雄氣概。

第五節・佛道緣

> 身在世外，心有家國。
> 遨遊林泉，普度眾生。

道教大師

老萊子：道學先祖

老萊子，楚國人，春秋時期道學先祖之一。他著書立說，傳授門徒，宣揚道家思想，為中國「二十四孝」人物之首。

老萊子是發端於春秋時期的道家學派的另一位創始人。他對老子的思想進行進一步繼承和發展，在自己獨特理解的基礎上，寫成集中反映其道家思想的《老萊子》。後世提起道家思想，對《老子》是耳熟能詳甚至婦孺皆知，然而對這位與老聃同時代的另一位代表人物老萊子的思想卻並不知曉。

老萊子是湖北省荊門市歷史上第一位文化名人。《史記・老子韓非列傳》載：「老萊子亦楚人也，著書十五篇，言道家之用，與孔子同時云。」老萊子以「孝」「隱」著稱於世，為後世流傳的「二十四孝」之首；作為春秋晚期的思想家，他以「言道家之用」奠定了中國天道倫理觀的哲學基礎，對中國哲學思想的發展產生了深遠影響。

西元前四八九年，孔子受困於陳、蔡，楚昭王迎孔子來楚國。孔子外

荊門老萊子雕像

出，遇見老萊子的弟子。弟子返家，告訴老萊子。老萊子說：「是丘也，召而來。」於是孔子虛心向老萊子詢問輔助國君之良策。他要孔子改變那種志在經營四海、因賢能自負的態度。談話中他流露出戒除驕矜、淡泊名利、忘卻好惡、順乎自然的思想主張。他的觀點多為各國名家策士摘引。

老萊子不願受人官祿、為人所制，故而隱居山林。楚惠王在位時發生「白公勝之亂」，繼而陳國南侵，為避亂世，他攜妻子逃至距紀南城百餘裡的蒙山之陽。據說老萊子隱居蒙山時，一位書生向老萊子請教《周易》，得到他的指點後，書生得入道門。因天地大道玄之又玄，書生與墨為友，故自稱「玄墨道人」，玄墨派由此而來。楚惠王曾經親自迎請老萊子出山輔政，但沒有成功。為了謝絕楚王的邀請，老萊子向更僻遠的南

方遷徙，因此後來世人不知其隱居何處，葬於何方。

張三丰：武當派開山祖師

張三丰，武當派開山祖師，明英宗賜號「通微顯化真人」，明憲宗封其為「韜光尚志真仙」，明世宗贈封他為「清虛元妙真君」。

張三丰於明朝初年入武當山，拜真武大帝於天柱峰，並在展旗峰北陲卜地結草廬，供奉玄帝香火，另在黃土城卜地結草庵，名「會仙館」。他曾經對山中耆舊說：「吾山異日與今日大有不同矣。」後來，明太宗果然大修武當山，封武當山為五岳之首，曰「大岳」。

武當太極｜鄧麗芬攝

明太宗朱棣入繼大統，非常想把民間影響很大的「真仙」張三丰「延請詣朝」，多次派人尋訪。久尋不見，於是下旨在武當山專為張三丰建「遇真宮」，塑銅像供人朝拜，並派官員灑掃。至高無上的皇帝為一名武當道士專門建廟禮奉，這在中國道教史上是極為罕見的。

武當道教煉丹術源遠流長，尤講內丹。內丹是利用呼吸吐納之功法，煉氣為丹，以達到強身健體、長壽延年的效果。張三丰內丹造詣深厚，他在《大道歌》中稱「未煉還丹先煉性，未修大藥先修心，心定自然丹信至，性情然後藥材生」，形象地描述了內丹由煉化精氣、金液還丹、採藥封固的形成過程。張三丰內丹著作甚豐，《金丹要旨》《金丹秘訣》《金液還丹歌》等明代即已刊行。後人編有《張三丰先生全集》共八卷。

張三丰不僅內丹造詣甚深，而且武功高強，兼擅拳劍。他以「道法自然」「守柔處雌」為指導思想，把道家內丹、養生導引、武術拳法、軍事兵法等加以糅合、編創和演化，對其進行集大成的創造，形成了以內丹為體、技擊為用，養生為首、防身為要，以柔克剛、以靜制動、借力打力、後發制人等具有獨特功理功法、運動體系和形式的武當內家拳。明清以後武林多稱張三丰為武當內家拳、太極拳創始人。經歷代宗師的繼承發展，武當武術成為中華武林中的重要流派，並逐漸在民間廣泛傳播，影響深遠。

傳說張三丰歸隱武當，人稱「隱仙」。武當山至今仍流傳著張三丰觀「鳥蛇斗」創造內家拳的故事。傳說中張三丰在「邋遢崖」看見一隻鳥與一條蛇打鬥，鳥憑藉著飛行的技巧上下擊打長蛇，蛇卻憑藉身體輕巧的特點來回搖閃，鳥最終也沒有擊中蛇。相持的時間久了，鳥已精疲力

竭，無可奈何地飛走了，長蛇也自由自在地鑽進了草叢。張三丰從這個現象中得出結論：以柔克剛、以靜制動可以發揮巨大的效果。在此基礎上，他潛心總結，終於創造出影響深遠的內家拳。他創立的內家拳技，諸如太極拳、八卦拳、形意拳、五行拳、純陽拳、混元拳、玄武棍等的命名和路數都是從道教經書中演繹引申而來的。內家拳內部在長期的發展過程中逐漸形成很多的分支，但無論哪一流派都以張三丰為祖師。

李光富：中國道教協會會長

李光富，湖北省十堰市鄖縣人，現任中國道教協會會長、十堰市政協副主席、第十一屆全國政協委員、湖北省道家協會名譽會長、武當山道教協會會長、武當道教功夫團團長。

一九五五年八月，李光富生於務農之家，家在武當山下漢水之濱的鄖陽古城城郊。二十世紀七〇年代，李光富初中畢業後在鄖縣從事林業技術工作。由於自幼深受武當山道教文化的影響，一九八四年六月，懷著一顆對道教的虔誠之心，他徒步登上武當山，皈依武當全真教龍門派。一九八七年八月，在武當山道協第二屆理事會上，李光富道長當選為武當山道教協會副會長，走上了弘揚武當山道教事業的領導崗位。

二十世紀八〇年代以來，武當山道協前任會長王光德歷盡千辛萬苦籌措資金四千多萬元，對所管理的紫霄宮、太和宮、五龍宮、青徽宮、瓊台觀等宗教活動場所的殿堂、丹室、雲房、牆垣、神龕等進行了不同程度的修繕，不僅使武當山的古建築得到了有效的保護，使瀕臨坍塌的歷史文化遺產重煥生機和光彩，也從根本上改善了武當山作為天下名山的旅遊環境，為一九九九年武當山列入世界文化遺產名錄作出了貢獻。這

其中也浸透了李光富會長和武當山道教信士很多的心血和汗水。

　　李光富擔任會長後，更加嚴格地要求自己，認真貫徹落實黨和國家的宗教法規政策，帶領全體道眾堅決維護人民利益，維護國家統一，維護民族團結，妥善處理愛國愛教與社會建設的相互關係。李光富在搞好教務活動和文物保護方面作出了突出貢獻，受到了各級黨、政部門的表彰。在做好接待、維護、服務的前提下，他還主持完成了紫霄宮兩座御碑亭的加頂、彩繪、復原工作，完成了瓊台中觀三清殿的主體修建工程及紫霄宮十方堂翻修的前期準備工作。同時，武當山道教的內部刊物《武當道教》也在他的努力下創刊，對武當山道協的宣傳和發揚光大具有十分重要的作用。對此，李光富會長認為「修練不是一句空話，而是行動」。

佛教大師

釋道安：印度佛教中國化的第一人

　　釋道安（312-385），常山扶柳人，衛氏望族出身，是一個地道的炎黃子孫。他七歲上學，學習《詩》《書》《易》《禮記》《春秋》等儒家書籍；十二歲出家為僧，學習印度佛理；五十三歲南下湖北省襄陽市，在襄陽研究佛學十五年，頗有建樹，成為東晉時期的佛教學者、佛教領袖。釋道安最突出的貢獻，是用中國傳統文化解釋外來文化，做到「洋為中用」。

　　冉閔之亂時，生靈塗炭。道安率領眾人來到陸渾，住在深山裡，食野果，飲溪水，生活條件極差，但他仍然堅持修學不已。沒過多久，慕容

僑率軍逼近陸渾，道安只好再次南下襄陽。道安到達襄陽後，繼續宣揚佛法。當時，在佛教剛傳入中國時翻譯的一批經書已流傳很久了，但是傳經人的姓名、年代，人們卻大多說不清楚，後人考證也少有結果。而且這些譯本中有很多錯誤，道安感到這些經書中有許多精髓還沒有被人理解。於是道安開始編纂經書的總集名目，標明傳經人的情況，排列年代時序，結集為《綜理眾經目錄》一書。此書一出，各地的學道者紛紛前來拜師學習。

釋道安雕塑

　　道安在襄陽一帶住了十五年，每年都多次講說《放光波若經》。東晉孝武帝非常欽佩道安的德行，派使者前往問候，並下詔書，嘉獎道安的學識功績、道德風範。前秦苻堅也是很早便聽說過道安的大名，常常說：「襄陽有個高僧道安，是個非凡的人物，我想讓他到我們這邊來，讓他輔佐朕。」苻堅攻占襄陽後，派人將道安等人送到長安。到長安後，道安住在五重寺弘揚佛法，教化民眾，僧眾多達數千人。道安除鑽研佛典、講經說法外，還組織外國僧人翻譯經典，譯出《增一阿含經》《三法度經》《阿毗曇八犍度論》《毗曇心論》《摩訶缽羅蜜經抄》等上百卷共百餘萬字的佛經。他為《般若道行》《密跡》《安般》等經書作注時，認真解讀每一句話、每一個字，解決了很多疑難問題，挖掘出許多潛藏的含義，妙盡深旨，文理會通，使經書的內容更加明白準確，具有開先河之功。

道信：佛教禪宗四祖

禪宗四祖道信（580-651），俗姓司馬，生於永寧縣（今湖北省武穴市）。

道信被三祖授以衣缽後，在黃梅正覺寺傳經講法。唐太宗李世民慕其名，多次派使者迎其入宮，道信堅辭不去。六四四年道信傳法於弘忍（禪宗五祖），六五二年於雙峰山坐化。後唐代宗贈諡號「大醫禪師」，泰定元年（1324年）時加號「妙智正覺禪師」。道信是中國歷代僧人中第一個被皇帝評價為既通佛學又通醫學的一代高僧。

四祖寺全景｜徐華攝

道信的禪修理論和方法，為「東山法門」的創立奠定了重要基礎，而且包含了往後禪宗多向發展的端緒。道信是禪宗發展史上的里程碑式人物，他開啟了中國禪宗興盛的大門。道信在雙峰山提倡農禪並重、自食其力，這在佛教史上是一項偉大創舉。這一創舉，不僅解決了徒眾的生存問題，為徒眾的穩定和發展奠定了基礎，而且有助於養成僧侶的勞動習慣，弱化對社會的依賴意識，減輕百姓的經濟負擔，因而在佛教史上具有積極意義。「擇地開居」是對佛教「游化為務」傳統的極大發展，道信主動帶領僧眾進入雙峰山定居傳法，「諸州學道無遠不至」，甚至出現了門徒達五百餘人的盛況。

　　五九五年，皇帝的母親得了重病，朝中所有太醫都無法醫治。皇帝為了拯救母親的命，命令全國各地張貼皇榜。聲稱有誰能治好國母的病，可官升三級、賞銀萬兩。當時居住黃州府廣濟縣安樂鄉景和村響水口（即今湖北省武穴市余川鎮）的道信禪師看到皇榜後，就在十里村呂凹河裡、呂凹背後山上採挖菖蒲、田三七、五加皮等藥材製成中藥，託人送到京城，治好了皇帝母親的病。後來，皇帝封道信為國師，但道信不為官、不為利，願在余川鎮十里村修行，並未進入皇宮，也不要皇帝賜的萬兩銀子，皇帝為感謝道信，親自封道信四祖為大醫禪師。

　　傳說多年以前，有一次余川鎮從外地來了一群強盜，手拿著雪白的刀，白日裡到老百姓家裡搶劫財物，道信得知此事，馬上找到強盜頭目，與他談判。哪知強盜頭目不但不講理，反而拿起刀要殺道信。道信見狀，馬上用氣功法術點了強盜頭目的穴位，使之動彈不得，那一群十八個強盜見勢不妙都狼狽而逃，再不敢在當地危害百姓。後來這十八個強盜到十里四祖殿來懺悔，在道信的勸說下，這十八個強盜都落髮修成

正果，成了四祖殿十八羅漢。

弘忍：東山法門開創者

弘忍（601-674），潯陽（今江西九江）人，一說為蘄州黃梅（今湖北黃梅西北）人。弘忍作為東山法門的開創者，被尊為禪宗五祖。六七四年弘忍入寂，終年七十四歲，唐代宗贈謚號為「大滿禪師」。

弘忍七歲時，被尊為禪宗四祖的道信所遇見，道信嘆曰：「此非凡童也，苟預法流，二十年後，必大作佛事。」於是就派人跟隨他回家，徵求他家長的意見，能否讓他出家作為道信的弟子。他的家長欣然同意，並

黃梅五祖寺｜徐華攝

說：「禪師佛法大龍，光被遠邇。緇門俊秀，歸者如雲。豈伊小駭，那堪擊訓？若重虛受，因無留吝。」這樣，弘忍就被帶到了道信主持的雙峰山（又名「破頭山」）道場。十三歲時，弘忍正式披剃為沙彌。他生性勤勉，白天勞動，晚間習禪。道信圓寂後，弘忍繼任雙峰山法席，領眾修行。其後，參學的人日見增多，他於雙峰山東馮茂山另建道場，取名東山寺，安單接眾。於是其禪法也被稱為「東山法門」。後世稱他為禪宗五祖。

弘忍繼承了道信的思想，依《楞伽經》以心法為宗，依《文殊師利所說摩訶般若波羅蜜經》，提倡「心定於一行而修三昧」。從他開始，禪宗傳教由《楞伽經》改為《金剛波若經》。在修行方式上，弘忍也有創新。在他以前，禪者都是零星散居，一衣一缽，修頭陀行，隨遇而安。道信和弘忍時期倡導僧眾聚居，禪者應自食其力，砍柴做飯等雜活也逐漸成為佛事。同時弘忍還主張禪者應以山居為主，遠離塵囂。這種生活方式的變化，在中國佛教史上影響深遠。

弘忍時代學習禪宗的人逐漸增多，所以弘忍的門徒數以萬計，但是能夠弘法的人並不多。他曾說能傳承自己思想的弟子只有十人。這十人中，成就最大的是神秀與惠能。此二人雖然是同一師承，但所傳禪法不盡相同。惠能在南方弘法，神秀在北方，世稱「南能北秀」。但無論是南禪還是北禪，都是傳自東山法門，由此可見弘忍在中國禪宗史上的重要地位。

咸亨三年（672年），弘忍為覓法嗣，乃命門人各呈一偈，表明自己的悟境。其時上座神秀呈偈曰：「身是菩提樹，心如明鏡台，時時勤拂

拭，莫使惹塵埃。」惠能聽說之後，亦作偈曰：「菩提本無樹，明鏡亦非台，本來無一物，何處惹塵埃。」弘忍將兩偈比較，認為惠能的悟境高於神秀，夜裡為惠能宣講《金剛經》大意，至「應無所住而生其心」處，惠能大悟，遂將衣法密傳給惠能，命他連夜南歸。

釋本煥：中國佛教界愛國典範

釋本煥，法名心虔，出生於湖北武漢新洲區。他於一九三〇年出家，得虛雲禪師傳法印。他曾任中國佛教協會常務理事、中國佛教協會諮議委員會副主席、湖北黃梅四祖寺方丈。

本煥於一九〇七年出生，因家境貧窮，僅讀了六年私塾就輟學到武昌當印刷徒工，不久又到新洲倉子埠當雜貨店學徒。當時社會處在動盪期，人民生活痛苦不堪。本煥逐漸對世事喪失信心，逐漸萌生出對俗世的厭惡。他常到倉埠報恩寺，聽傳聖法師講經說法，並逐漸立志潛心向佛。

一九三〇年，本煥到鎮上的報恩寺出家。他刻苦修行，自覺勞動，每天早起打掃、挑水、劈柴，隨後敬香習禪，不懷雜念，做到身在佛門即心在佛門，立志成為追求智慧解脫的修行者。他因勤修苦學得到師父的認同。後來本煥得到資助，前往武昌寶通寺受戒。本煥在寶通寺跟從持松和尚學習佛法。他對持松和尚的教導熟記於心，摒除私念潛心向佛。

傳法生涯中，本煥以「諸惡莫作，眾善奉行」的信念度人無量。他以慈悲水饒益眾生，熱心社會公益。二十世紀九〇年代以來，他率領弘法寺僧眾多次參加支援全國各災區的捐款捐物活動，支援希望工程和孤殘

社會福利事業。特別是一九九八年八月他在住院期間，了解到長江流域洪水災情嚴重，不顧醫生的勸阻，從醫院回到弘法寺，冒著酷暑親自主持法會募集善款，支援賑災活動。

二〇一二年，釋本煥法師圓寂於深圳弘法寺。二〇一四年十二月五日，湖北黃梅四祖寺迎回禪宗泰斗本煥長老舍利永久安奉。

第六節 · 巾幗志

愛布八荒，善澤九州，德辟中華野。
颯爽英姿，精忠報國，共振民族魂。

中華聖母

嫘祖：蠶母娘娘

嫘祖，中國遠古時期生於西陵，是中華民族最早的第一夫人。據司馬遷《史記·五帝本紀》記載：「黃帝居軒轅之丘，而娶西陵之女，是為嫘祖。嫘祖為黃帝正妃，生二子，其後皆有天下。」嫘祖與黃帝結合，為一統中華大業日夜操勞，積勞成疾，在伴隨黃帝南巡途中病逝。

嫘祖廟

嫘祖提倡婚娶相媒，締結婚姻，進行人倫教化，畢生為民謀福利，黃帝敕封她為「祖神」「道神」。她還首創種桑養蠶之法，史稱「嫘祖始蠶」，人們尊稱她為蠶農和紡織行業的保護神。

嫘祖聖地西陵山位於今湖北省宜昌市。早在宋代，西陵山就已被列為峽州古蹟。到了明代，西陵山已是古木參天，當時西陵山上的嫘祖廟已形成相當規模。西陵山歷代都是人們祭祀嫘祖的聖地。時至今日，宜昌西陵峽口風景區的西陵山嫘祖洞、軒轅洞和玄囂洞裡還隨處可見嫘祖留下的遺跡。當地人世代尊稱她為蠶母娘娘，並在每年的農曆三月十五，即嫘祖的生辰之日，舉行廟會祭祀。

嫘祖紀念館始建於晉朝，位於西陵峽東口西陵山上，是一座紀念中華民族之母的紀念館。

女媧：創世女神

女媧是中國上古神話中的創世女神。《史記》稱之為「女媧氏」，是傳說中華夏民族的人文先始，福佑社稷之正神。相傳女媧造人，以黃泥仿照自己搏土造人，創造人類社會並建立婚姻制度；後因世間天塌地陷，女媧熔彩石以補蒼天，斷鰲足以立四極，留下了女媧補天的神話傳說。

傳說中的女媧補天之地位於今湖北省十堰市竹山縣女媧山風景區內。《康熙字典》對「媧」字的解釋是「古神聖女，化萬物者也」，並引證《史記》記載：「女媧煉五色石補天，又女媧山在鄖陽竹山縣西，相傳煉石補天處。」明代學者徐道全的《神仙全傳》和當代的《中國神話辭典》，均

十堰竹山女媧山風景區女媧補天塑像

記錄了先祖伏羲和女媧摶土造人、煉石補天的地方是竹山縣女媧山。《竹山縣誌》則進一步明確了女媧補天的所在地：「城西八十里有女媧山，乃女媧煉石補天處，昔日山上有女媧廟。」

近年來，竹山縣在女媧山風景區連續舉辦「女媧文化節」活動，公祭「華夏始祖、東方聖母」女媧。

忠孝佳人

王昭君：和親使者

王昭君，名嬙，字昭君，南郡秭歸（今湖北省宜昌市興山縣）人，為中國古代四大美女之一。成語「沉魚落雁」中的「落雁」說的便是王昭君。

西元前三十三年，昭君告別故土，登程北去。一路上黃沙滾滾、馬嘶雁鳴，使她心緒難平，遂於馬上彈奏《琵琶怨》。淒婉的琴聲和美豔動人的女子，使南飛的大雁忘記了揮動翅膀，紛紛跌落於平沙之上，「落雁」便由此成了王昭君的雅稱。

　　王昭君於漢元帝時被送入宮中，成為一名普通的宮女。西元前三十三年，匈奴單于呼韓邪多次請求與漢朝聯姻，希望可以迎娶漢朝公主。王昭君自請和親，嫁給匈奴單于後被稱為寧胡閼氏。呼韓邪單于去世後，王昭君希望漢朝皇帝可以允許她返回故鄉，這個請求未被允許，隨後她便依照匈奴風俗中的「收繼婚制」，嫁給呼韓邪單于的長子。王昭君去世後，葬於今呼和浩特市南郊，墓依大青山，傍黃河之水，後人稱之為「青冢」。到了晉朝，為避司馬昭諱，改稱「明君」或「明妃」。

王昭君漢白玉雕像

昭君故里位於湖北省宜昌市興山縣。王昭君的漢白玉雕像出自內蒙古雕塑大師張恆之手，從數千里之外王昭君的和親之地送來故里，也是一段佳話。

花木蘭：孝烈將軍

花木蘭，相傳出生於湖北省武漢市黃陂區木蘭山，其故事最早見於北朝民歌《木蘭詩》。傳說她忠孝節義，女扮男裝替父從軍並且大獲全勝，傳為佳話。後世方志中記載隋唐時木蘭被封為「孝烈將軍」。

據說，古時有位名叫朱異的千總，家住在姚集雙龍鎮，因年逾半百無後常登山求嗣，後生一女，取名為木蘭。木蘭聰慧過人，不僅知書達禮，而且武藝超群，每日於木蘭山中習文練武，山嶺間留下了她的足跡，山上遍布她用過的竹箭，儼然一派「低眉菩薩紅妝樣，怒目金剛劍俠同」的巾幗英雄氣概。胡羌入侵，可汗點兵，木蘭父親連接十二道兵書，但老將軍年老體弱，木蘭因而削髮女扮男裝，毅然代父從軍。轉戰十二載，木蘭立戰功無數。皇帝要封她為昭烈將軍，木蘭卻請求回到父母身邊，盡女兒的孝心。木蘭凱旋之後，當年漫山遍野的竹箭，竟然變成了參天大樹，鬱

黃陂花木蘭雕塑

鬱蔥蔥，鮮花怒放，姹紫嫣紅，好像在迎接木蘭將軍的勝利歸來，又好像在歡慶木蘭的豐功偉績。綠的木蘭樹，紅的木蘭花，一經輕風搖動，頓時飛紅搖翠，展現出一幅生動的「木蘭聳翠」的絢麗圖畫。

後人為了紀念這位巾幗英雄，在墓前豎立「木蘭將軍之墓」的巨碑，並於明萬曆年間在山上建立了木蘭殿、木蘭將軍坊。從此木蘭山名聲大震。正如明代詩人所寫：「未有木蘭先有山，山名偏借木蘭補；木蘭與山名俱在，山並木蘭爭萬古。」木蘭山昂立天宇，氣勢磅礴，集宗教、地質、建築奇觀於一身。歷代文人墨客來此尋幽探勝，絡繹不絕。

木蘭天池為木蘭外婆家，木蘭草原為木蘭習武之地，木蘭雲霧山為木蘭歸隱之地，木蘭山為木蘭長眠之地。如今這四大景區組成的木蘭文化生態旅遊區已經創建為國家 5A 級旅遊景區。

王聰兒：白蓮教總指揮

王聰兒（1777-1798），今湖北襄陽人，江湖藝人出身，是一位貌美如花、德行高尚、武藝高強、有勇有謀的女英雄。嘉慶元年（1796 年），她以白蓮教總教師的身分領導了白蓮教大起義，給清朝統治者以沉重的打擊。這次起義是清王朝統治由盛到衰的重要轉折點，在中國農民戰爭發展史上寫下了光輝的一頁。

王聰兒幼年喪父，跟著母親學習雜技，跑馬走繩，舞刀使棒，樣樣都行。母女倆憑著一身技藝走南闖北，過著顛沛流離的生活。王聰兒和其母親在襄陽的一次事故中受到襄陽白蓮教首領齊林的救濟後毅然加入白蓮教。王聰兒入教後，經常利用賣藝人的身分在江湖上宣傳白蓮教的教

義。由於志同道合，齊林與王聰兒結為夫妻，一同領導白蓮教教徒籌劃反對清朝的武裝起義。條件成熟時，齊林與王聰兒決定在襄陽起義。不料起義風聲走漏，齊林和另外一百多名教徒被捕，都被殺害了。

連環畫中的王聰兒形象

　　齊林死後，大夥一致推選王聰兒為總教師。一七九六年，得知其他地方的白蓮教都已經發動了武裝起義，她便帶領義軍誅殺貪官污吏並打開糧倉，把糧食分給了窮苦的老百姓。王聰兒的起義軍在湖北、河南、陝西流動作戰，在四川跟那裡的起義軍會師，組成了一隻擁有十四五萬人的起義大軍，給清軍以沉重的打擊。嘉慶皇帝下令要求各地地主組織武裝民團，修築碉堡。起義軍一來，就把百姓趕到碉堡裡去，叫起義軍找不到群眾幫助，得不到糧草供應。起義軍後面有官軍，前面又有地主武裝民團的攔截，最終在今湖北省鄖西的三岔河陷進敵人的包圍圈。王聰兒眼看突圍不成，且她與部下都不願當俘虜，便退到山頂，縱身從陡峭的懸崖上跳了下去。王聰兒英勇犧牲時年僅二十二歲。

　　湖北十堰市鄖西縣建有懸鼓旅遊公園，相傳這裡曾是王聰兒屯兵血戰的地方。

藝界美玉

陳伯華：漢劇藝術大師

陳伯華，湖北武漢人。湖北漢劇旦角，一級演員。中共黨員，第三、五屆全國政協委員，歷任武漢漢劇院院長，湖北省劇協副主席、中國劇協理事等。獲得「漢劇藝術大師」稱號、中國文聯榮譽委員金質獎章。代表作《宇宙鋒》《二度梅》《櫃中緣》《三請樊梨花》等。著有《陳伯華唱腔選》《陳伯華的舞台藝術》《陳伯華回憶錄》。

漢劇大師陳伯華

「京劇兩百年，出了梅蘭芳；漢劇三百年，出了陳伯華。」當代京昆大師俞振飛的話，生動地概括了陳伯華的藝術成就。當時人們一提起漢劇，便自然而然地想起陳伯華，陳伯華就代表著漢劇。陳伯華甚至一度成為武漢的代名詞。

陳伯華的藝術和人生，與武漢這座城市的淵源之深，實為罕見。她生於武漢，長於武漢，在這裡學藝，在這裡名動天下，又在武漢栽培桃李、蔚為大觀，最後其人生又在武漢謝幕。陳伯華出生那年，漢口民眾樂園落成。她八歲學藝，十五歲擔任主角並一舉成名。她所演出之處，人山人海，「漢口為之不夜」。在二十世紀三〇年代向現代都市轉型的武漢，陳伯華及其藝術表演極大地豐富了大眾文化娛樂生活，參與塑造了

都市生活形態。正因為陳伯華的存在，武漢成為中國戲劇文化重鎮、戲曲大家的必經之地。其人其藝，滋養了一代代的武漢人，充實了人們的精神文化生活，成為城市聲望和集體記憶的巨大符號。

陳伯華的藝術，處處洋溢著美，也處處展露著武漢創新與開放包容的精神。陳伯華作為漢劇藝術的集大成者和著名大家，並不因循守舊、安於現狀，而是對漢劇進行積極的繼承、發展和改造，使漢劇藝術更加成熟。在她身上，漢劇藝術顯出新氣象、新活力。她兼收並蓄，博采眾家之長、中外之優，藝術上不斷超越，惠澤深遠。陳伯華為漢劇藝術留下了寶貴的財富，其創新精神更是歷久彌新、流芳百世。

在戲劇舞台上，陳伯華風華絕代、美不勝收。在人生舞台上，也是如此。演戲和做人，陳伯華都強調真善美，既追求藝術進境，也追求人格的完善與提升。她的氣韻與美，從舞台到生活，自然而然，渾然一體。

武漢這座城市，以自身的底蘊滋養了一代宗師陳伯華，而大師的藝術留存、精神惠澤，也張揚了這座城市的風采風華。

夏菊花：中國雜技外交家

夏菊花，中國著名雜技表演藝術家，在雜技界有「頂碗皇后」之美稱。一九五七年加入中國共產黨。歷任武漢雜技團演員，武漢市文化局副局長、局長，中國雜技藝術家協會第一、二屆主席，中國文聯第四屆委員、第五屆副主席。一九七五年獲全國「三八紅旗手」稱號。現任中國文聯副主席、中國雜技藝術家協會主席、中國國際文化交流中心常務理事、湖北省雜技家協會名譽主席。

夏菊花一九五一年隨夏家班進入漢口民眾樂園演出；一九五三年進入武漢市雜技團，練成《柔術咬花》；一九五四年應邀赴京拍電影《中國雜技藝術表演》，從此名揚全國；一九五七年，參加莫斯科第六屆世界青年聯歡節，其《頂碗》獲金質獎章；一九五九年獲阿富汗政府獨立勛章；一九六○年，練成《頂碗》高難度動作「單層雙飛燕」「雙層雙飛燕枴子頂」「銜水轉頂」「單手頂」「腳面夾碗」；一九六五年與毛澤東主席合影，同年九月隨武漢雜技團到法國演出，被當地媒體譽為「頂碗皇后」，從此名揚世界；一九六六年被西哈努克親王授予一級藝術勛章；一九七八年被授予巴西國會勛章；一九八一年，當選為中國雜技藝術家協會主席，被加拿大溫尼伯市長授予「榮譽市民」；一九八三年第一次赴巴黎擔任國際評委，同年十二月赴摩納哥任第九屆蒙特卡羅國際雜技比賽評委；一九八四年，在蘭州舉行的第一屆全國雜技比賽中任評委會主任；一九八

夏菊花表演的頂碗雜技

八年主編《中國新文藝大系・雜技集》，同年九月當選為第五屆中國文聯執行副主席；一九九一年被編入《英國劍橋名人傳記》，被安慶市人民政府授予「伯樂獎」；一九九二年第一屆中國武漢國際雜技節舉行，任評委會主席；一九九五年被蘇丹共和國總統授予蘇丹藝術、文學與科學榮譽勛章；一九九七年個人傳略被收入《世界華人文學藝術界名人錄》；二〇〇四年從藝六十週年之際，被武漢市人民政府授予「人民藝術家」稱號。

　　一九八一年十月，中國雜技藝術家協會在北京成立。鑒於夏菊花在海內外的聲譽與威望，眾人一致推選她為雜協主席。四十四歲的夏菊花成了全國文聯所屬八個協會中最年輕的主席，也是唯一的女性主席。她走馬上任後開展了一系列的工作，創辦了《雜技與魔術》雜誌，組織國際獲獎節目觀摩大會，籌建中國雜技學院，建設武漢雜技廳等。她還連年率團出訪日本、加拿大、法國、意大利、比利時、祕魯等數十個國家，為增進中國人民與世界人民的友誼作出了突出的貢獻。因而，夏菊花又有「雜技外交家」之稱。

體壇明珠

李娜：網壇一姐

　　李娜，湖北武漢人，職業網球運動員。曾在二〇〇八年參加北京奧運會，並取得女子單打第四名的優異成績。她還獲得二〇一一年法國網球公開賽和二〇一四年澳大利亞網球公開賽女子單打冠軍，成為亞洲第一位大滿貫女子單打冠軍，也是亞洲歷史上網球女單世界排名最高的選手。

李娜在五歲時便進行網球訓練，並在十七歲時成為職業網球運動員，二〇〇二年底，她開始於華中科技大學學習新聞學。二〇〇四年，在丈夫姜山的鼓勵和支持下，她選擇了復出。二〇一四年一月二十五日，李娜第三次亮相澳大利亞網球公

李娜亮相武漢杜莎夫人蠟像館｜周超攝

開賽決賽，並最終收穫女單冠軍，將自己的排名提升到職業生涯新高──世界第二。九月十九日，李娜正式宣布退役。在十五年的職業生涯裡，李娜二十一次打入 WTA 女單賽事決賽，並共獲得了九個 WTA 和十九個 ITF 單打冠軍。李娜曾當選英國《金融時報》二〇一四年年度女性人物。十二月二十三日，李娜入圍「2014CCTV 體壇風雲人物年度評選」的年度最佳女運動員。

二〇一五年，李娜獲得二〇一五年勞倫斯世界體育獎特別成就獎，這一獎項在勞倫斯獎十六年歷史上僅僅出現過兩次，李娜是除菲爾普斯之外的唯一一人。

伏明霞：跳水皇后

伏明霞，湖北武漢人，我國著名的跳水運動員。一九八七年，伏明霞進入湖北省跳水隊，並於三年之後成功入選國家跳水隊。伏明霞早在十四歲時就獲得一九九二年奧運會女子十米跳台金牌，成為奧運會史上年

紀最小的冠軍。一九九六年七月，伏明霞同時獲得亞特蘭大奧運會女子十米跳台與女子三米板的冠軍，成為我國奧運跳水史上的第一個板台雙冠王。二〇〇〇年九月，伏明霞衛冕了悉尼奧運會女子單人三米板的金牌，並於奧運會結束之後宣布退役。

伏明霞引領了中國跳水史上的一個時代。「我覺得伏明霞是個天才選手，在她的時代，她已經和其他選手拉開了很大的距離，她無疑是當時的王者。」俄羅斯跳水名將帕卡琳娜評價道。「伏明霞做到的成就令人難忘，奧運會上跳台跳板都拿的隊員是不可思議的。」俄羅斯塔斯社記者馬瑞娜評價道。「我心中最好的隊員是伏明霞，當年伏明霞是從跳台後來到跳板，都取得了成功。而且她退役後再復出仍然能夠取得成功。她動作的美感別具一格，她才是最棒的。」《米蘭體育報》記者傑納羅・博扎評價道。「郭晶晶確實在跳板上很出色，但是說她最偉大不合適。我覺得伏明霞台板都取得了成功，比郭晶晶對跳水的影響力更大。」澳大利亞跳水隊教練英薩爾瓦多・索布里諾評價道。也有記者認為：「伏明霞是運氣、貴氣、人氣和霸氣的化身。多了一份平常人都難有的貴氣。伏明霞從十三歲從事跳水開始，就在短短兩三年的時間迅速成為中國跳水隊的主心骨，自然有一種霸氣。她性格內向，但對熟人十分外向。訓練刻苦，悟性高。動作穩定，心理素質好。大賽經驗豐富，端莊脫俗而廣為人所尊重，也注定要成為焦點，不論走到哪裡，都會發光發熱，完全具備了領軍人的氣質。」

陳靜：中國第一位奧運會乒乓球女單冠軍

陳靜，湖北武漢人，中國乒乓球運動員，奧運會史上中國第一個乒乓

球女單冠軍，一位三次參加奧運會、三次都獲得獎牌的乒乓球選手。

一九八八年漢城奧運會前夕，國家隊正為奧運人選發愁時，陳靜遞給教練組一張紙條：你們為什麼不用年輕的選手？一九八八年，陳靜成為奧運史上第一個乒乓球女單冠軍。陳靜對記者笑著說：「我覺得有些事必須自己爭取，否則有好的機遇也可能溜走。」

一九九六年亞特蘭大奧運會，陳靜代表中國台灣地區出征奧運會，單打比賽中，她在四分之一決賽戰勝了中國香港地區的選手陳丹蕾，半決賽出人意料地又將淘汰了小山智麗的喬紅阻擋在決賽圈外，時隔八年之後再度進入奧運會女單決賽。決賽中，她在零比二落後於鄧亞萍的情況下大膽調整戰術，將比分追平，但最終在決勝局中遺憾落敗，收穫了一枚奧運會銀牌。

二〇〇〇年悉尼奧運會，第三次出征奧運會的陳靜在雙打比賽中和徐競搭檔，止步首輪，單打比賽在四分之一決賽逆轉戰勝了前中國選手何千紅，半決賽負於王楠，繼而在季軍爭奪戰中戰勝了新加坡選手井浚鴻，獲得銅牌。

静静地站在雨中的長廊，遙望神聖。

蘄春，處吳頭楚尾，扼控長江。山區層巒疊嶂，峽谷幽深；丘陵崗巒起伏，綠樹成陰；平畈湖泊棋布，港汊縱橫。山川秀美而神祕，人文豐沛而多彩。

竹林湖村。一個翡翠般的山谷，滿是蒼勁的樹，怪異的竹，迷濛的雲，甘甜的泉，碧綠的水。蓮葉上濺著雨花，遮住一湖天光雲影。含苞的花朵，帶著豔麗的霓裳，相守明鏡。

巨大的香鼎排列在開闊的山麓，萬綠叢中的高處，安臥著聖者的靈魂。「李時珍」，一個自幼就耳熟能詳的名字。

想起我的表叔，一個老邁的中醫。幾重幾進的幽深老宅，洗藥的天井，煎藥的作坊，堆藥的庫房，長年累月氤氳著濃濃的藥香。表叔端坐於店堂，周邊是一圈紫檀的書架，架上滿是靛藍灰白的線裝古籍。中堂黑色的金字招牌下，掛著「李時珍」畫像：褐色的高筒帽，藍色的大襟袍，清癯的臉上儘是憂感。這清癯與憂感似乎隨醫道一起傳承，畫像下的表叔亦是此般的清癯此般的憂感神情。在一張紋脈清晰的紫檀桌上，青筋畢現的手，蒼白而溫暖，把握一個個問醫者的脈息。偶爾的詢問和叮嚀，輕得就像親人的耳語。彷彿踏進的是森嚴的殿堂，人們一個個恭恭敬敬地彎腰進來，又一個個唯唯諾諾地躬身出門。門外車如流馬如龍，門內古爐香煙靜如海。

拜謁李時珍　品味湖北之景｜陳世旭

表叔是李時珍私淑的弟子。

一條古老的石路，橫跨了數百年，我在路這端，聖者在路那端，我們彼此深情凝望。曾經瘟疫瀰漫了你的眼神，多少亡靈，擁擠著天空。風雨的哀怨，堆滿大地。在沉重的呼吸裡，枯瘦的村莊搖搖晃晃。日子硬撐起呼吸，苦等著一劑良藥。困頓的五臟六腑深處，期盼著望聞問切的祥符。多少顫抖的呻吟，渴望著一個身影：一個杏林春暖的身影，一個懸壺濟世的身影，一個妙手回春的身影。

皇家宮殿的丹爐滋補著後宮的風韻，孫思邈的「大醫精誠」成為諂媚和爭寵的工具。醫者高潔的襟懷豈能玷污，決然走出堂皇的宮闕，回到久別的故土。

夫醫者，非仁愛之士不可托也；非聰明達理不可任也；非廉潔淳良不可信也。是以古之用醫必選明良，其德能仁恕博愛，其智能宣暢曲解，能知天地神祇之次，能明性命凶吉之數，處虛實之分，定順逆之節，原疾病之輕重，而量藥劑之多少，貫微通幽，不失細少。如此乃為良醫。

國之醫者，承載了太多人的命運。懷抱仁心，步履蹣跚，在苦難的漫漫長路，願為百姓守候一生。

配伍草根、花朵，調製天象、雨露，「八月斷壺」（《詩‧豳風‧七月》）裝滿了天人合一的玄機。眯著洞燭幽微的眼睛，悉心淨化天下的紛亂與塵埃。五千年文明煨出的性情，看上去依然淡定。目標是行動的

源泉，使命是肩負的道義。探索的道路，舉步維艱。
我不入地獄，誰入地獄。智者姿態安詳。背負神農氏
的典籍，「蒐羅百氏」，「採訪四方」，尋尋覓覓踏遍山
野。點一盞虔誠的燈，一路前行，讓芒鞋踏破。滾滾
紅塵之外，是人間天堂。

　　攀上高聳的斷崖，潛入無底的山澗，從荊棘深處
背出一簍又一簍救苦救難的「仙草」。敞開胸膛，攬盡
大地的遠山近水，只看到香氣在飛，心靈清如止水。

　　太陽升起的每一個新的日子，生命都正在蒼天的
子宮著床。在無邊無際的時間與空間，一個又一個生
命的洪亮聲音，如黃鐘大呂振聾發聵。一莖草的萌
芽，在臉上積蓄著力量。於是窮搜博采，芟煩補闕，
歷三十年，閱書八百餘家，稿三易而成《本草綱目》。
苦行者的智慧，滋潤了草的色澤，流溢著草的芳香。
在眾人的仰望中，研磨天地的精華，撫慰百姓的切膚
之痛。草、木、菜、果、穀是五部兵權，刀劍斧戟斬
殺世間一個又一個邪惡的夢魘。

　　龜裂的紋脈，寫意出尊容；一紙藥方，點綴出專
注的神情。羸弱而堅韌的手指，調和陰陽，由表及
裡；心無旁騖的針灸，以謙卑的姿態，直刺生之命
門；流不完的汗水，炮製「神膏」，敷上腫脹的苦難；
不吝惜的熱血，祛散肆虐的「傷風」，讓湧動的脈搏，
流出歡快的福音；於是滾沸的鼎釜裡一縷清苦的味
道，澤潤了天下的老弱貧疾；於是百草溫湯融入子孫

的血液，而「李時珍」，刻進華夏永恆的記憶。

清為天，濁為地，陰陽分為兩極。李時珍的脊梁始終那麼高，又那麼低。民族記錄下了一個偉大醫者樸素的背影。

曾幾何時，時光拋棄了記憶，靈魂的花朵，一片片凋落，一片片殘紅驚心。傳媒與騙子合謀，金錢與謊言同在，良心失去了天平，潮流的風向偏離了岐黃道中的準繩。醫療成為產業，病患成為商機，天價挾持「藥王」，醫患對立如仇讎，多少生機尚存的軀體，痙攣在生命的黃昏。世風及此，已近「匪我言耄，爾用憂謔。多將熇熇，不可救藥」（《詩經‧大雅‧板》）了。

拯救世道人心，刻不容緩。

招魂的旗旛在尋找靈魂的醫師。「李時珍」，遠不止僅僅等同於《本草綱目》，是永遠的經典，而是一個符號，一個民族的魂魄。

靜靜地站在雨中的長廊，遙望神聖。

心在呼喚：

李時珍，魂兮歸來！

原載《湖北日報》2014 年 8 月 15 日

03 ^章

湖北省不僅自然條件優越，還有著悠久的歷史和源遠流長的文化，這種獨特的自然和人文環境為我們留下了許多著名的風景名勝。

當我們遊賞在湖北的名山名水之間時，我們看到的不僅是青山綠水，還有凝集著大自然鬼斧神工的神奇造化；當我們走進湖北畫卷上的名居古寺時，我們感受到的不僅是眼前的荏苒時光，也是沉澱著的千年的歷史深蘊。湖北勝跡，是大自然與人類智慧合作的傑作，是你不管身處何時何處都值得來欣賞的瑰寶！

第一節・世界遺產

　　世界遺產是指被聯合國教科文組織和世界遺產委員會確認的人類罕見的、目前無法替代的財富，是全人類公認的具有突出意義和普遍價值的文物古蹟及自然景觀。湖北地區目前共有三處世界遺產，代表了荊楚文化在世界舞台上的重要地位。

武當山

　　武當山，古稱磏上山，又名太和山、謝羅山、參上山、仙室山，是世界文化遺產、國家 5A 級旅遊景區、道教的重要代表地域、太極拳發祥地、國家首批重點風景名勝區以及全國十大避暑勝地之一。一九九四年十二月十五日，武當山古建築群入選《世界遺產名錄》。世界遺產委員會評價：武當山古建築中的宮闕廟宇集中體現了中國元、明、清三代世俗和宗教建築的建築學和藝術成就。古建築群坐落在溝壑縱橫、風景如畫的湖北省武當山麓，在明代期間逐漸形成規模，其中的道教建築可以追溯到西元七世紀，這些建築代表了近千年的中國藝術和建築的最高水平。

　　武當山古建築群大約在唐代貞觀時期開始出現。明代得到了極大的發展，許多重要的建築就是在這一時期建成，到嘉靖三十一年（1552 年），「治世玄岳」牌坊的建成使得武當山建築群終於形成了今天見到的以八宮兩觀為主體的龐大規模。武當山建築群主要包括太和宮、南岩宮、紫霄宮、遇真宮四座宮殿，玉虛宮、五龍宮兩座宮殿遺址，以及各類庵堂祠廟等共二百餘處。建築主體以宮觀為核心，主要宮觀建築在內聚型盆地

或臺地之上，庵堂神祠分布於宮觀附近地帶，自成體系，岩廟則占峰踞險，形成「五里一庵十里宮，丹牆翠瓦望玲瓏」的巨大景觀。武當山古建築群在建築藝術、建築美學上達到了極為完美的境界，有著豐富的中國古代文化和科技內涵，是明初政治和中國宗教歷史以及古建築工藝水平的實物見證。

太和宮位於武當山主峰天柱峰的南側，包括古建築二十餘棟，建築面積一千六百多平方米。太和宮主要由紫禁城、古銅殿、金殿等建築組成。紫禁城始建於明成祖永樂十七年（1419年），是一組建築在懸崖峭壁上的城牆，環繞於主峰天柱峰的峰頂。古銅殿始建於元大德十一年（1307年），位於主峰前的小蓮峰上，殿體全部由銅鑄構件拼裝而成，是中國最早的銅鑄木結構建築。金殿始建於明永樂十四年（1416年），位於天柱峰頂端，是中國現存最大的銅鑄鎏金大殿。

所有古建築群中規模最為宏偉、保存最完好的是紫霄宮，它於北宋宣

武當山全景圖

和年間開始動工，明嘉靖三十一年（1552 年）擴建。宮內主體建築紫霄殿，是武當山最有代表性的木構建築，建在三層石臺基之上，臺基前正中及左右側均有踏道通向大殿的月臺。殿中石雕須彌座上的神龕內供奉著真武神老年、中年、青年塑像和文武座像，兩旁侍立有金童玉女等，銅鑄重彩，神態各異，是中國明代寶貴的藝術珍品。殿左放著一根數丈長的杉木，傳說是從遠方飛來，故名「飛來杉」。又因在其一端輕輕叩擊，另一端可聽到清脆的響聲，而又被稱為「響靈杉」，相傳亦是明代遺物。紫霄殿的屋頂全部蓋孔雀藍琉璃瓦，正脊、垂脊和戧脊等以黃、綠兩色為主鏤空雕花，裝飾豐富多彩華麗，為其他宗教建築所少見。

南岩宮位於武當山獨陽岩下，始建於元至元二十二年（1285 年）。現保留有天乙真慶宮石殿、兩儀殿、龍虎殿等建築共二十一棟。

「治世玄岳」牌坊又名「玄岳門」，位於武當山鎮東四公里處，是進入武當山的第一道門戶。牌坊始建於明嘉靖三十一年（1552 年），坊身全部以榫卯拼合，造型肅穆大方，裝飾華麗，雕刻有多種人物、花卉的圖案，堪稱明代石雕藝術的佳作上品。

此外，武當山各宮觀中還保存有各類造像一四八六尊，碑刻、摩崖題刻四〇九處，法器、供器六八二件，還有大量的圖書經籍等，也是十分珍貴的文化遺存。

武當山古建築群集中體現了中國古代建築裝飾藝術的精華，建築設計的規劃或宏偉壯觀，或小巧精緻，或深藏山坳，或瀕臨險崖，達到了建築與自然的高度和諧，具有濃郁的建築韻律和天才般的創造力。

同時，武當山道教建築群始終由皇帝親自策劃營建，皇室派官員管理。現存建築其規模之大，規劃之高，構造之嚴謹，裝飾之精美，神像、供器之多，在中國現存道教建築中是絕無僅有的。武當山金殿及殿內神像、供桌等全為銅鑄鎏金，鑄件體量巨大，採用失蠟法（蠟模）翻鑄，代表了中國明代初年科學技術和鑄造工業的重大發展。這些藝術成就、科技價值和歷史意義都決定了武當山古建築群是當之無愧的世界文化遺產。

明顯陵

明顯陵，位於鍾祥市城東郊的松林山，是全國重點文物保護單位、世界文化遺產、國家 4A 級旅遊景區，是恭睿獻皇帝朱祐杬之陵，也是中國明代帝陵中最大的單體陵墓。明顯陵原始建築和環境風貌保存十分完好，陵寢建築規模宏大、結構獨特，同時蘊含著中國豐富的風水智慧，堪稱中國帝陵的璀璨明珠，在我國幾千年的歷史發展中都不失為別具特色的帝王陵寢。

在中國歷代帝陵中，「一陵兩冢」的建制乃是皇陵特例，不僅在明陵甚至在中國所有皇陵中都是絕無僅有的。顯陵的墓主朱祐杬生前為興獻王，本來是按親王規制建築墳園，後來其長子朱厚熜在明武宗朱厚照駕崩後奉「兄終弟及」的祖訓被「遺命」為「嗣皇帝位」，年號為嘉靖。按照封建禮制，朱厚熜應過繼給孝宗皇帝為兒子，但朱厚熜執意要自立體系，遂採取武力手段平息了「皇考」之爭，並更定大禮，稱孝宗為皇伯考，追尊生父朱祐杬為皇考恭睿獻皇帝，完成了自己的昭穆體系，這一重大歷史事件史稱「大禮儀」。此後嘉靖帝朱厚熜將原來的興獻王墳更名

為顯陵，並按照帝陵規制升級改造成顯陵中的前寶城，後來章聖皇太后死後也被安葬入顯陵，與恭睿獻皇帝合葬入新修的後寶城中，兩個墳冢中間以瑤臺相連，從而構成一個整體，這便有了皇家歷史上獨一無二的「一陵雙冢」雙寶城歷史奇觀。

當年嘉靖帝朱厚熜以「風水寶地、祥瑞所鍾」賜縣名「鍾祥」，寓意此地乃得天獨厚、祥瑞聚集之地，參觀顯陵，可以看到中國風水智慧在寢陵設計中的完美運用。顯陵工程浩大，占地面積包括了整個純德山。四周砌上圍牆，牆身粉以朱色，牆頂蓋以黃色與黃綠相間的琉璃瓦，看上去格外莊嚴肅穆。陵園大門外豎有兩塊漢白玉石碑，書「官員人等在此下馬」。進入陵園大門，是一千三百餘米的神道，直抵寢陵。神道兩旁立有一對白玉華表、八對石獸、四對文武官員，彰顯皇權尊嚴；石獸有獅、駱駝、大象、麒麟、馬等，顯示著帝王的威武；文臣武將們象徵著帝王統領下的文武百官，俯首稱臣。顯陵的內外明塘設計為史上的獨創，有內外之分，外明塘有九曲河宛如水龍，蜿蜒整個陵區，並最終匯

玉龍繞顯陵 | 卓兵攝

入，寓意保證皇家龍氣「遇水則聚，永固不失」。內明塘則外方內圓呈羅盤形，寓意天圓地方，塘內的水永遠保持一個高度，不溢不涸，風水中有收龍蓄氣的作用。據說，直到今天，內明塘的水還保持著永不乾涸、也不會滿溢的狀態，號稱一大奇觀。

整個明顯陵的修建耗時四十六年之久，是歷史上建設週期最長的皇陵，其規模之大不僅超過了明十三陵中的一些帝陵，而且在建築藝術上將中國風水智慧與環境美學相結合，體現了更高水平的建築藝術。

咸豐唐崖土司城遺址

咸豐唐崖土司城遺址，位於湖北省恩施土家族苗族自治州咸豐縣唐崖鎮，是湖北繼武當山古建築群、鍾祥明顯陵之後的第三處世界文化遺產，同時也是湘、鄂、川、黔邊少數民族地區中格局最為清晰、保存最為完好的土司城遺址。游唐崖土司城遺址，可以觀賞到巴楚建築的工藝神韻，品味土家土司的傳奇人生，體驗古老淳樸的民俗風情，感受到「一日穿越千載，一圈走遍土家」的美好神韻。

鼎盛時期的唐崖「皇城」，規模宏大，氣勢恢宏，占地五十七點七五萬平方米，擁有三街、十八巷、三十六院，建有衙署、官言堂、大小衙門、存錢庫、牢房、書院、靶場、左右營房、御花園、萬獸園等設施，形成了行政、軍事、司法、文化、宗教等機構設施一應俱全的城市規模。自改土歸流二六〇餘年來，雖幾經兵燹，又遭「文革」浩劫，但至今街道牆垣仍清晰可辨，部分建築尚保存完好。土司城內外，遍布各種人文景觀，最主要的有石人、石馬、石牌坊等大型石雕，土王墓葬及古墓葬群、夫妻杉、妃子泉等數十處景點。唐崖河畔，有兩匹石馬和兩尊

牽馬的行人塑像，石馬以整塊砂岩鑿成，馬身雕飾鞍、鐙、韁、髻，作揚蹄欲行狀；石人執髻侍立於馬旁，儀容端莊，整個雕塑線條流暢，形態生動。

「如果說北京故宮是大故宮，那麼唐崖土司城就是『小故宮』。」走在唐崖土司城的街道上，「荊南雄鎮」牌坊十分醒目，土司衙署、張王廟等無不散發著歷史的光輝，向我們講述這裡曾經發生過的故事與榮光，這座土司「皇城」雖已不復當年之壯觀，但彷彿仍然心有不甘地穿越時光隧道，向我們傳遞著曾經的輝煌。

唐崖土司城作為唐崖土司的治所，是十四至十八世紀唐崖土司的各項社會事業的中心所在。現在仍有城防設施、交通設施、建築基址、墓葬、苑囿、手工業遺址等多種類型的遺存留之於世，特別是保存完整、井然有序的道路、院落體系，呈現出城市主體一次性規劃、營建的特

唐崖土司城

徵，使土司城得「小故宮」之稱。其中，作為土司戰功象徵的「荊南雄鎮」牌坊地處衙署區最前端第一級檯面，承擔著衙署區主入口和中軸線節點的作用，彰顯出土司權力的至高無上和土司王宮的尊榮華貴。「荊南雄鎮」牌坊由全仿木結構構成，四柱三間，飛簷翹角，正面刻有「荊南雄鎮」，反面刻有「楚蜀屏瀚」，其他梁枋上還刻有「土王出巡」「哪吒鬧海」「槐蔭送子」等民間故事的浮雕，生動形象。

有城的故事就有人的傳說，覃氏土司的故事砌刻在整個唐崖土司城的一磚一瓦裡，譜寫著土家人的聰穎智慧以及土家族與漢族的友好民族交往。唐崖土司城的規模在其十八代土司覃鼎時曾達到頂峰，明天啟年間，覃鼎大興土木，擴建唐崖土司城，終成三街十八巷三十六院的宏大規模。同時，覃鼎因征渝有功，軍威顯赫，天啟帝授書建「荊南雄鎮」功德牌坊。不僅覃鼎軍功卓越，他的妻子田氏也是才智超群，精明能幹，為世代子民口口相傳。田氏是那個年代難得的思想開明、善於學習的女子。在與山外的接觸之中，田氏看到了漢人先進的文化和生產力。一次去峨眉山朝聖的時候，她專門派人在成都等地學習漢人養豬、種桑、養蠶、刺繡等技術，回來後傳授給當地百姓土民，唐崖司一帶養豬的傳統就此流傳下來。玄武山上的一對蒼翠挺拔的夫妻杉，相傳就是田氏親手所栽。如今，此樹高四十四米，冠幅二二五平方米，兩樹枝幹連理，並峙而立，如夫妻攜手，恩恩愛愛，是唐崖土司城遺址常青歷史的見證。

四百年滄海桑田，風雨磨礪，曾榮極一時的唐崖土司城仍遺存頗豐。唐崖土司「皇城」的建築、格局及諸多文物遺存，穿越數百年，寫就的是一部中國土司制度史、一部民族智慧史、一部漢民族與少數民族文化的友好交流史。

第二節・荊楚尋根

　　尋根問祖是中國人，尤其是遷居他鄉或飄零異國的中華兒女們永遠割捨不斷的歷史情結。翻開湖北山水畫卷，四處遺落著祖先留下的歷史痕跡。荊楚大地，千古之前便有著人類悠久的發展歷史。人們常說，山有魂，城有靈，這裡的山魂就是悠久歷史，這裡的城靈就是我們的根。

炎帝故里

　　炎帝故里風景名勝區，位於湖北省隨州市隨縣厲山鎮，是國家 4A 級旅遊景區、靈秀湖北十大旅遊名片、中國非物質文化遺產、鄂西生態旅遊文化圈中六個核心景區之一。相傳，五千年前炎帝神農氏誕生於湖北隨州厲山，由於他教民稼穡，首創紡織，發明醫藥，被尊為華夏子孫的始祖。今天，炎帝故里已形成了神農古文化遊覽區，這裡既是對青少年進行愛國主義教育的重要基地，也是世界華人進行尋根謁祖的聖地。

　　厲山鎮位於烈山的東南麓，重巒疊嶂，樹木蔥鬱，山脈與河流相圍繞，山谷與坡地相連接，古洞清泉，風光旖旎。烈山包含有九座山嶺，分別是鑽斷山、耕耘山、百草山、五帝山、三皇山、葫蘆山、洞天山、登天山、壽星山。如此峰巒疊嶂的山林裡，自然少不了高人的出沒。在洞天山東麓，有一山洞，四周松柏蒼翠、幽靜空寂，相傳神農氏就是誕生在這裡。如今，此處已成為神農故里風景區的神農洞景觀。沿著始祖的足跡在景區漫步，可依次欣賞到神農碑、神農洞、功德殿、烈山湖、聖火台、謁祖廣場、神農大殿、炎帝神農大像等三十餘處人文和自然景觀。

炎帝神農景區

　　走進炎帝故里風景區，首先映入眼簾的便是一座碩大無比而又不失威嚴的炎帝神農像，該石像偉岸的身軀屹立在景區的中央，是全球最大的單石雕像，其底座邊長五十六尺，意為中國五十六個民族；底座高度為四十二點六尺，意為炎帝神農誕生日農曆四月二十六日；立像高為九十五尺，意為「九五之尊」。而建在高台之上的炎帝神農大殿，則傲視整個神農故里景區。炎帝神農大殿依照漢代建築風格建成，整個大殿由多根白玉石柱鼎力支撐，不需門欄、花窗的多餘修飾，以古樸粗放的高颺風格彰顯空間的隱逸。在大殿中央，有一尊莊嚴盤坐的炎帝神農巨像，他手捧麥穗遙望遠方，寓意著時刻保佑我們華夏大地風調雨順、五穀豐登。

　　整個景區以體驗炎帝神農的農耕文化、醫藥文化、貿易文化為根本，成為世界華人尋根的必往之地。每年的農曆四月二十六日，為紀念炎帝

生辰，來自世界各個角落的炎黃子孫成千上萬地前往烈山緬懷始祖，表達出對炎帝作為華夏始祖的極大認同感，這也是中華民族的強大凝聚力的集中體現。

屈家嶺遺址

屈家嶺遺址，位於湖北省京山縣城的屈家嶺村，屬於全國重點文物保護單位，是一處新石器時代村落廢墟的遺址。屈家嶺遺址是我國長江中下游地區發現最早、最具代表性的新石器時代大型聚落遺址，為全國首批一百處大遺址保護地。

屈家嶺遺址

屈家嶺遺址坐落在一片橢圓形的崗地之上，地勢平緩，附近丘陵起伏，青木檔河和青木河由東西兩側環繞其南，在此交會合流，這裡土地肥沃，物產豐富，十分適宜人類生存。該遺址最早是一九五四年修建石龍水庫渠道時被發現的，經過三次挖掘，發現有大量新石器時期的石器和陶器。石器有斧、鑿、鏟、鐮、錛等，陶器有杯、碗、鼎、鍋、紡輪等，還有陶雞、陶狗等裝飾品。這些極具地方特色的文化遺址廣泛分布在湖北境內的江漢平原以及豫西南鄰鄂一帶，按照考古學的慣例，以首先發現這種文化的遺址來命名，因此，考古界將這種文化遺存稱為「屈家嶺文化遺址」。

於此地出土的彩陶紡輪、彩繪黑陶蛋殼彩陶別具特色，在學術界享有極高的地位。彩陶紡輪都是中小型和輕薄型的，且數量多，說明當時處

理麻類纖維的技術和經驗已經比較先進了，能夠消除麻類植物纖維中的膠質，使它更適合紡織，織出來的布也更加輕薄柔軟。蛋殼彩陶因為厚度極其單薄，形如蛋殼，因此得名。這樣精妙絕美的陶器的問世恰恰說明當時已經具備十分高超的原始制陶技術，這也是原始制陶業最高水平的典型代表。這裡遺存的大量生產工具和粳稻穀殼則表明這裡的稻作農業特別發達，是江漢平原原始農業大發展的最好證據。

　　大量出土的文物表明，當時人們的物質精神文化生活豐富多彩。陶器中出現的許多羊、母雞、狗等，說明當時已開始飼養家禽；酒杯的出現說明當時已經有用糧食造酒的技術；還有品種多樣色彩鮮豔的彩陶器、陶質禽鳥模型及玉飾品，反映了人們對審美的追求。在有的成年墓中，還同時埋葬有少數兒童甕棺葬，這些都說明當時社會的發展已進入父系氏族社會階段。

　　走進屈家嶺遺址，俯拾皆是歷史長河中散落的千年文明遺跡，屈家嶺文化作為長江中游新石器時代最為興盛和最為強勢的一種文化，在今天仍然具有極其豐富的文化內涵和巨大的文化價值。

擂鼓墩曾侯乙墓遺址

　　曾侯乙墓是戰國早期的一座墓葬，位於隨州城西二公里的擂鼓墩，相傳因春秋戰國時期楚莊王討伐叛軍在此築台擂鼓助戰而得名。擂鼓墩古墓群屬東周時期曾（隨）國諸侯的王陵，已探明地下古墓葬有二百餘座，是全國重點文物保護單位。曾侯乙墓是擂鼓墩古墓群內一處重要的古墓葬，編號為「擂鼓墩一號墓」，一九七八年被發掘，被評為二十世紀中國十大考古發現之一。曾侯乙墓屬岩坑豎穴木槨墓，形制特殊，規模龐

大，總面積二二○平方米。墓室分為東、中、西、北四室，共出土青銅禮器、樂器、金器、玉器、兵器、車馬器、漆木器和竹簡等珍貴文物一五四○四件，僅青銅器就有六二三九件，其中尊盤、鑑缶、編鐘等九件套被定為國寶級文物，其中曾侯乙編鐘是迄今發現的最完整、最大的一套青銅編鐘。

曾侯乙墓出土的文物大多珍藏於今天的隨州博物館。這是一座集文物收藏、陳列布展、科學研究和編鐘演奏於一體的國家二級博物館。博物館主體建築風格為楚漢宮殿式，一主兩翼呈「品」字形結構，共設有五個基本陳列：《炎帝神農故里》《曾國迷蹤》《曾侯乙墓》《擂鼓墩二號墓》《漢唐風韻》。博物館另有一個臨時展廳和一個編鐘樂舞演奏廳，現有館藏文物一萬餘件（套），著名的有擂鼓墩二號墓出土的三十六件編鐘、菱形勾連雲紋銅敦、鳳鳥扉棱銅鋪、鄂國銅器群等，這些精美絕倫的文物

湖北省博物館曾侯乙編鐘

堪稱鎮館之寶。

迄今為止，中國的考古發掘中共有四十多套編鐘出土，但數量最多、保存最好、音質最高的則非曾侯乙編鐘莫屬。曾侯乙編鐘現珍藏於湖北省博物館，全套編鐘重五噸，共六十五件，分三層八組懸掛在呈曲尺形的銅木結構鐘架上，其音域跨五個半八度，十二個半音齊備，可旋宮轉調演奏古今中外的各種樂曲，比鋼琴早了八百多年，改寫了世界和中國音樂史。整套編鐘數量之多、做工之精細、氣魄之宏偉，令人驚嘆不已，被譽為「國之瑰寶」。它不僅達到了先秦時期青銅鑄造工藝的巔峰，而且鐘上的銘文記載了先秦時期音樂文化的成就，被海內外專家譽為「反映中國先秦時期科技發展水平的百科全書」。這套編鐘最大的特徵是一件鐘能發出兩個不同的樂音，中間一個，旁邊一個，俗稱「一鐘雙音」。作為國之重器，曾侯乙編鐘在香港和澳門回歸、北京奧運會、杭州 G20 峰會等重要場合上被敲響。習近平總書記出訪埃及、接待印度總理莫迪訪華時，曾侯乙編鐘和編鐘樂舞都作為中華文化的符號大放異彩。

楚紀南故城

楚紀南故城，又稱「紀郢」，是全國重點文物保護單位，位於荊州古城北約五公里處。因在紀山之南而得名，是春秋戰國時期楚國的都城。

據《史記・楚世家》記載，楚文王元年（西元前 689 年）自丹陽遷都於此，至頃襄王二十一年（西元前 278 年）秦將白起拔郢止，楚國在此建都四百餘年，紀南城成為當時南方第一大都城。時至今日，紀南故城仍遺留有宏偉浩大的古城牆，地下文物古蹟更是中國古代文化的典型代

表和古代勞動人民的智慧結晶。

紀南城址規模宏大，城址平面呈不規則方形，東西長約四點五公里，南北寬約三點五公里，總面積約為十六平方公里。當年的土築城牆至今仍存，整個城牆周長十五點五公里，有的地段現在還存有高達六點七米的城牆遺跡，都是由夯土築成的，十分堅固。故城的四面共有七座城門，如今其西垣北段的三個門道已經發掘完畢，並有形如門房的古建築留之於世，環繞於城外四周的護城河也重見天日。古井、窯址等遺跡如今仍散布在紀南故城遺址內，還有數不清的筒瓦、板瓦等建築構件以及東周的文化遺物，俯拾皆是。紀南城南北土城垣上還各立有一塊大石碑，上刻「楚紀南故城」五字，為郭沫若手書。

楚故都紀南城考古發掘現場

紀南古城蘊含著豐富的古代文化，城外已經發掘的三十餘座古墓中出土了幾千件寶貴的文物，並且大部分都做工精美，異常珍貴。雖然如此，仍有大量的古墓發掘工作尚未完成。古墓中已經發掘的彩漆木雕鴛鴦豆、彩漆木雕虎座飛鳥、銅弩機、彩繪石編磬等精妙絕倫。紀南城東南隅的鳳凰山，在楚都徙陳（今河南淮陽）後，淪為秦漢墓地，著名的西漢古屍、大量的漢簡及精美的彩繪漆器皆出土於此，現保存在荊州博物館內。

登上雄偉的紀南古城頂端，極目環顧：八嶺、紀山、雨台諸山由高迄北至東，崗巒起伏毗連，其上佳木蔥蘢，東望長湖，煙波浩渺，猶存昔年荊楚雄勝之概貌。

荊州熊家冢

荊州熊家冢楚墓位於楚故都紀南城遺址西北，地處荊州市荊州區川店鎮，是目前國內所見規模最大、保存最好、陵園分布最為完整的楚國高等級貴族墓地，也是春秋戰國時期楚文化最高水平的傑出代表。

熊家冢遺址是東周時期楚國高等級大型墓地，主冢規模之宏大、墓主身分之顯赫、車馬陣容之豪華、祭祀場景之闊綽、布局系統之完整，均十分罕見，在中國文物考古界，有「北有兵馬俑，南有熊家冢」之說，可見其在考古研究中的巨大價值。

熊家冢由主墓、陪葬墓、車馬坑、殉葬墓、祭祀坑以及主墓的附屬建築等部分構成。主墓是一座有斜坡墓道的「甲」字形木槨墓，棺槨面積達二四八平方米，是中國已知的帝王棺槨中面積最大的。在墓的西邊推

測有十五級臺階，墓坑底長二十七米，寬二十五米。主墓與陪葬墓的西邊有一座大型車馬坑和三十餘座小型車馬坑，其車馬坑數量之多、規模之大，在同時期的墓葬中同樣十分罕見。主墓南邊和陪葬墓北邊，分別排列著幾十座形制、方向、間距、規模大體一致的殉葬墓，殉

熊家冢遺址

葬墓內有大量玉器放置於棺內，基本為組玉珮的各類構件，如玉璧、玉環、玉珩、玉龍佩、玉管、串珠等。主墓西、南邊有十分密集的方形或圓形祭祀坑，發現有玉璧、玉珩等物，部分車馬坑中在馬頭部出土了百餘件瓜子形玉飾片。

在參觀熊家冢楚墓遺址時，會看到四十三輛馬車及一六四匹戰馬所組成的巨大車馬陣，此陣不僅氣勢恢宏，更令人震驚的是，在車馬陣內，還發現了三乘六駕馬車。根據《周禮》及其他古代文獻中的記載，只有天子才能用六匹馬來駕一輛車出行，因此從車馬坑的規模來看，熊家冢墓應該是一個楚王墓。有學者認為，熊家冢主墓的墓主人很可能為某代楚國君王。

熊家冢楚墓自從二十世紀七〇年代以來，不斷遭到自然和人為的破壞。為了有效保護這一珍貴的歷史文化遺產，從一九七九年到二〇〇一年，相關考古工作者對該墓地進行了三次大規模的科學考古調查和勘

探。目前在主冢南側探明殉葬墓九十二座，發掘三十餘座，出土玉石、水晶、瑪瑙等精美文物一千餘件。目前為止，以遺址內已經發掘的相關文物和墓室結構等為基礎的博物館已對民眾開放，相信在不久的將來，熊家冢楚墓的祕密將進一步公布於世。

習家池

　　習家池，又名「高陽池」，位於湖北省襄陽市，是東漢初年襄陽侯習郁的私家園林，延存至今已有近兩千年的歷史。它是中國現存最早的園林建築之一、全國現存少有的漢代名園，被譽為「中國郊野園林第一家」。

　　史載，習家池是東漢襄陽侯習郁為效仿范蠡養魚的方法，在白馬山下築一長六十步、寬四十步的土堤，引入白馬泉的水，池中壘起釣魚臺，列植松竹而成。東晉時，習郁的後代習鑿齒曾在這個地方讀書，並完成了《漢晉春秋》的創作，成為中國歷史上小有名氣的歷史學家，習家池也因此為天下人所共知。習家池坐落在群山的包圍之中，清脆的松柏和涓涓溪水環繞其中，美麗的環境吸引了許多名人騷士在此吟詩作賦。皮日休有一首著名的《習池晨起》：「清曙蕭森載酒來，涼風相引繞亭臺。數聲翡翠背人去，一番芙蓉含日開。菱葉深深埋釣艇，魚兒漾漾逐流杯。竹屏風下登山屐，十宿高陽忘卻回。」此詩就是對習家池美景的極大讚賞。

　　習家池占地約三四畝，清澈見底、溫潤如玉，水面倒映著青山綠樹、藍天白雲、日月交替。池中建有重檐二層六角亭，俗稱「湖心亭」，其周繞以雕花石欄，憑欄可賞出水芙蓉，觀游魚之樂。池水周圍種有竹、芙

習家池

蓉等植物，滴青流翠，楚楚動人。池塘西南側，還建有兩個別緻的副池，小如戲臺。一個滿圓似日，芳名「濺珠」；一個半圓如月，雅號「半規」。北望高崗，是始建於明嘉靖年間的習家祠堂，古色古香，莊嚴典雅。襄陽習氏南遷江西之後，在此地開枝散葉，人丁繁茂，其子孫遍布全國。

習家池背倚白馬山，三面環抱；南望漢水，風帆隱現；遠眺鹿門，山色蒼翠。園內亭臺樓榭，鱗次櫛比；清風徐來，碧水蕩漾，是遊玩觀賞的天然佳境。

麻城孝感鄉

明朝麻城有四個鄉區，孝感鄉即是其中之一，在後來進行區鄉調整時併入仙居鄉。今天的麻城孝感鄉都在麻城市鼓樓街道辦事處沈家莊村。

雖然「孝感鄉」地名已在明成化年間撤並，但其代代居民及中轉移民仍心口相傳「孝感鄉」之名，將其視為心目中的聖地。

明清兩朝的移民運動是中國移民史上最為重要的組成部分之一，麻城是中國古代「八大移民發源地」之一，也是「湖廣填四川」的起始地和集散地。在長期的歷史發展過程中，麻城移民的後代已經廣泛分布在四川地區，所謂「湖廣填四川，麻城過一半」就是這一現象的典型代表，而孝感鄉作為「江西填湖廣」和「湖廣填四川」的聚散地和中轉站，一直被掩藏在歷史迷霧的深處長達五百多年，其真實情況不被社會和學界所知。

時至今日，對歷史有所了解的四川地區的當地人都明白其祖輩是由湖廣麻城孝感鄉遷徙而來。這種說法廣泛存在於歷史記載中。如民國《南溪縣誌》稱：「今蜀南來自湖廣之家族，溯其始，多言麻城孝感鄉。」又如民國《榮縣誌》曰：「洪武二年，蜀人楚籍者，動稱是年由麻城孝感鄉入川，人人言然。」家族族譜中也有相關記載，如隆昌《劉氏族譜》：「吾家起自湖廣麻城縣孝感鄉，明初入蜀。」由此可知孝感鄉並非子虛烏有。然而查閱當今麻城市行政區劃或鄉鎮名錄，卻難以找到孝感鄉這一建置和地名，這也使得許多尋根者的尋根之路顯得異常艱難。

最近，麻城當地的學者進行多方考證後得出結論：麻城孝感鄉位於今麻城西南，面積一千二百平方公里，明成化八年（1472 年）因戶口消耗併入麻城仙居鄉。目前麻城成立了「麻城孝感鄉現象」研究學會，進行了多次富有意義的主題研討會，邀請各界專家學者參與「麻城孝感鄉現象」的討論。在當地政府的組織下，當年的高岸河移民碼頭已經得到修

復，孝感鄉都沈家莊也逐漸得到開發，移民博物館和移民公園的規劃建設也正如火如荼地進行，大量的移民後裔的尋根之路從此多了一份溫暖和欣慰。

銅綠山古銅礦遺址

銅綠山古銅礦遺址位於湖北省大冶市，是商朝早期至漢朝的采銅和冶銅遺址。銅綠山古銅礦遺址是迄今為止中國保存最好、最完整、採掘時間最早、冶煉水平最高、規模最大、保存最完整的一處古銅礦遺址，享有「中國繼秦始皇兵馬俑後一奇蹟」「媲美中國的長城、埃及的金字塔」的美譽。

銅綠山古銅礦遺址，是一座從商代晚期一直延續到漢代進行開採和冶煉的古銅礦遺址，遺址年代約為西元前九世紀至西元一世紀，總面積約

銅綠山古銅礦遺址

八平方公里，地表積存了約四十萬噸古代煉銅渣，是一處規模龐大、保存完好、埋藏豐富、延續時間長的古代礦冶基地。目前已發現古代採礦遺址七處、冶煉遺址三處，共清理出不同時代、不同結構、不同支護方法的豎井二二五個，平巷九十五條，無支護豎井十一個，春秋早期鼓風豎爐十座，戰國晚期煉銅豎爐二座和宋代煉銅地爐十七座。由此可見該古銅礦的開發以及挖掘歷史之悠久，歷時一千多年的開採史從未斷絕。

經考古發掘表明，遺址的礦井開採達到地表以下六十餘米，低於當地潛水位二十三米，已成功運用重力選礦和多中段開採礦石的方法，採用豎井、平巷、斜巷的聯合開採技術，這些方法和技術初步解決了井下的通風、排水、提升、照明和巷道支護等一系列複雜的技術問題，證明當時的開採已達到了很高的水平。隨同出土的生產工具和生活用具達上千件，其中有大型銅斧、銅錛、石鑽、木鏟、木耙、木槌、銅鑄、鐵鋤、鐵鑿、船形木斗和轆轤等採礦工具。這充分證明早在兩三千年前我國就創造了完整的採礦煉銅技術。

目前銅綠山古銅礦遺址的七號礦體上已按一比一比例恢復了戰國至漢代採礦遺址，建起了「銅綠山古銅礦遺址博物館」，館內完整保留了當時採礦的原貌。古銅礦遺址的發現和發掘，初步回答了中國青銅時代銅是怎樣進行開採、冶煉這一重要的歷史課題，為研究中國礦冶技術發展史提供了一批珍貴的實物資料。

黃石國家礦山公園

黃石國家礦山公園是利用大冶鐵礦遺址建設的一座礦山公園，它位於黃石市鐵山區，東臨長江，西依雉山，主園區占地面積三千六百畝。園

區內擁有世界第一高陡邊坡之稱的「礦冶峽谷」，形如一隻碩大的倒葫蘆，東西長二千二百米，南北寬五五〇米，最大落差達四四四米，被譽為「亞洲第一天坑」。

據歷史記載和考古發現，二二六年，黃石國家礦山公園所在的鐵山就有了開採活動，迄今已有一七九二年的歷史。「孫權築爐煉兵器，岳飛鍛鐵鑄刀劍」，中國古代冶金工業文明在此薪火相傳。一八九〇年，湖廣總督張之洞大興洋務，選擇這裡作為漢陽鐵廠的原料基地，成為中國第一

「亞洲第一天坑」｜何戈攝

家用機器開採的大型露天鐵礦。一九〇八年，近代民族資本家盛宣懷將大冶鐵礦與漢陽鐵廠、萍鄉煤礦合併，組建了亞洲最早、最大的鋼鐵聯合企業——漢冶萍煤鐵廠礦有限公司。因為這裡的鐵礦品位極高，是優質富礦，曾慘遭日寇大肆掠奪。日軍侵華八年，從這裡掠走的鐵礦有近五百萬噸。一九五二年，大冶鐵礦列入武鋼集團，開始重建，一九五八年投產後成為全國十大鐵礦之一，最高年產量達到五〇五點一萬噸，被譽為「武鋼糧倉」。二十世紀七〇年代初，已形成采場年產原礦四四〇萬噸、選廠年處理原礦四三〇萬噸的綜合生產能力，為武鋼提供的鐵金屬量占武鋼生產生鐵產量的百分之七十。難得的是，這裡至今既是鐵礦遺址，也是活礦區，深坑開採的鐵礦源源不斷地運上地面。

黃石國家礦山公園現有三大特色旅遊體驗項目，即「天坑飛索」「井下探幽」「激情滑草」。「天坑飛索」目前是華中地區最長的飛索，全長四四六米，最大落差三十八米。「井下探幽」通過實景展現的方式，真實體現礦工在地下開採時會運用到的各種支護方式，近距離感受井下礦工的生產方式。「激情滑草」項目占地六千平方米，下滑坡長一二〇米，緩衝三十米，坡道陡度為二十九點六度，全長一五〇米，如綵帶一瀉而下。同時園區還有亞洲最大的硬岩復墾基地。從二十世紀八〇年代開始，礦山人探索出了「廢礦渣上種槐花」的生態復墾奇蹟。賞花游成為園區新景觀。

黃石國家礦山公園是中國第一家國家礦山公園，是國家 4A 級旅遊景區、全國工業遺產旅遊基地，入選《中國世界文化遺產預備名單》。

長陽人遺址

長陽人遺址

　　長陽人遺址位於湖北省長陽土家族自治縣城西南四十五公里、趙家堰下鐘家灣附近的關老山南坡，是一處海拔約一千三百米的洞穴。洞穴高約二米，寬約六米，平面呈不規則狀，處於高山丘陵盆地，四周山巒起伏，怪石嵯峨，三五村舍，長陽人遺址就半隱於山坳之中，別具情趣。該遺址於二〇一三年五月被國務院核定為第七批全國重點文物保護單位。

　　長陽人，是我國長江以南發現的最早的遠古人類之一，屬早期智人。一九五六年它被發現於被當地村民稱為「龍洞」的石灰岩洞穴中，一九五七年由著名考古學家賈蘭坡主持進行發掘。共存的動物化石均屬華南洞穴中常見的大熊貓——劍齒象動物群成員，如豪豬、竹鼠、古豺、大熊貓、斑鬣狗、東方劍齒象、巨貘、中國犀等。

　　長陽人化石包括一件不完整的、保留有第一前臼齒和第一臼齒的上頜

骨和一顆單獨的左下第二前臼齒。化石的上頜骨和其他早期智人的一樣，一方面保留了若干的原始性質，如梨狀孔的下部較寬，鼻腔底壁不如現代人那樣凹，而與猿類接近，犬齒比較發達等；另一方面又有許多與現代人相近的進步性質，如頜的傾斜度沒有北京人顯著，鼻棘較窄而向前，上頜竇前壁向前擴展超過第一前臼齒，顎面凹凸不平等。從總體看，長陽人所具有的進步性質比原始性質要多，明顯比北京人進步。長陽人生活的大山區，洞穴極多。這種環境為長陽人提供了良好的生存條件。在與長陽人伴出的動物化石中，有以嫩竹為食的竹鼠、大熊貓，說明當時這裡有大片竹林；而東方劍齒象、中國犀和鹿類的存在，則說明附近還有開闊的林邊灌叢和草原。

過去學者曾把大熊貓——劍齒象動物群的時代限定在中更新世，和北京人的時代相當。由於長陽人化石與該動物群共存，而長陽人又具有比北京人進步的體質特徵，從而證明這一動物群的時代可延續到晚更新世。另外，關於長江中、下游階地形成的時代，以往因沒有動物化石可以借鑑，一直未能解決。長陽人及其動物群的發現，提供了洞穴和階地的對比資料，解決了長江各階地形成的時代問題，為南方的地層劃分提供依據。

賈蘭坡教授在《長陽人化石及共生的哺乳動物群》一文中說：「『長陽人』的發現，不僅給江南動物群增加了新的種屬，並為地層的劃分提出了新的證據，同時給人類本身的分布與演化提供了新的資料。」「長陽人」的發現，說明了長江流域以南的廣闊地帶同黃河流域一樣，也是中華民族誕生的搖籃，在古文化的發祥史上具有重要地位。

棗陽雕龍碑遺址

雕龍碑遺址位於中國中部湖
北省棗陽市鹿頭鎮的武莊村，是
一處新石器時代中晚期氏族公社
聚落遺址，距今約六千年左右，
是全國重點文物保護單位。這裡
自然環境優美，河流、山林和平
原為古人類從事漁獵、稼穡提供

雕龍碑古文化遺址

了良好的條件。該遺址的發現，對於研究新石器時代南北方文化交流具
有十分重要的意義。

雕龍碑遺址於一九五七年被發現，一九九○至一九九二年發掘，目前
已發現不同形式的房屋建築基址十五座，不同形狀的原始人類生產工
具、生活用品數千件，不少器物是同時代其他遺址所沒有的。自一九九
○年開始，中國社會科學院考古研究所先後對此進行了五次發掘，使埋
藏於地下數千年的遺跡和遺物一層層、一件件重現光彩。在已發掘的一
千五百平方米範圍內，發現在文化堆積厚度達二點五米的文化層中，上
下疊壓著三個不同時期的房屋建築基址二十一座、貯藏窖穴七十五座、
土坑豎穴墓一三三座、氏族公共墓地二處、兒童甕棺葬六十三座、動物
葬二十三座、生產工具和生活用具等遺物四千餘件。這些文物為中國史
前文化研究提供了重要的新資料，許多內容屬於首次發現。

在雕龍碑遺址現場看到，出土文物中有精緻的石質工具，如石犁、石
斧、石鏟、石鋤、石鐮、石鑊、石錛、石矛、石鑿等；還有大量的陶紡
輪、石紡輪、骨鏃、骨錐、蚌器等。紡織工具出土量大，反映了這一時

期紡織業普遍得到發展的事實。遺址還發現了大量的水稻顆粒和稻殼，大型的陶甕、陶罐中儲存有大量的栗、黍類糧食。出土的還有大量陶具，包括炊具、飲食用具、葬具、貯藏容器等。

已建成的雕龍碑遺址陳列館，館內面積有一百多平方米，有七個房間和七個推拉式屋門遺址，現存高五十釐米、寬四十釐米的主題牆已經部分殘缺。房屋建築平面呈「田」字形分布，以「十」字形隔牆支撐大跨度屋頂，同時以此分隔成四個開間，房屋布局巧妙、實用、和諧完美。在每個房間裡，靠近牆體或其近旁設置有灶圍，有的灶置有火種罐。令人驚嘆的是，遺址建築已經使用了類似水泥的建築材料，並將房屋建成單元式結構，並使用推拉式結構的房屋門，這在中國史前考古學中尚屬首次發現且意義深遠。

從雕龍碑遺址出土文物可以發現，遠在六千多年前，北方中原地區仰韶文化的早期先民就拓展到這個地方。中國社會科學院考古研究所王仁湘教授認為，從雕龍碑遺址出土的文物來看，此地的推拉門房屋基址屬國內首次發現，原始氏族聚落遺址完好，應是中華民族文化發展的一個關節點。

天門石家河遺址

石家河遺址是中國長江中游地區迄今分布面積最大、保存最為完整的新石器時代聚落遺址，位於中國湖北省天門市石河鎮，東南距天門市城區約十六公里，是全國重點文物保護單位、「中國二十世紀一百項考古大發現」之一，同時被列入國家文物保護「十一五」計劃和國家大遺址保

石家河文化考古研究中心

護項目庫。石家河文化代表了長江中游地區史前文化發展的最高水平，在中華民族文明起源與發展史上占有十分重要的地位。

　　石家河文化遺存從相當於大溪文化的階段開始，經屈家嶺文化至石家河文化，有一個基本連續的演進過程，其演進軌跡分為三期。第一期屬屈家嶺文化，大約距今五千至四六〇〇年。這一時期，原始稻作農業開始快速發展，普遍使用磨製石器作為生產工具，紡輪數量大為增加且質量變得小巧，製陶開始普遍推廣快輪技術。在一些古城聚落中，已出現了某種城鄉分化的跡象。第二期屬石家河文化早期，大約距今四六〇〇至四三〇〇年。這一時期，石家河居民在積蓄屈家嶺文化能量的基礎上，積極大膽地進行變革創新。生產工具改進很大，生產水平明顯提高，私有制有了較大發展，原始宗教有了進一步規範，城鄉分化更為劇烈，其文化特徵明顯不同於屈家嶺文化時期。該時期是石家河文化最為繁榮興旺的時期。第三期屬石家河文化晚期，大約距今四三〇〇至四千

年。這一時期，北方氣候趨於乾冷，華夏集團謀求生存向南遷移。在此大背景下，中原的原始文化大舉南下，強烈影響長江中游的土著文化，石家河文化融入了大量的龍山文化因素，石家河文化逐步走向衰微。

石家河古城是中國目前已被確認的新石器時代城址中規模最大的一座，其附屬地點之多，分布面積之廣，在同時期遺址中極為罕見，具有稀有性、獨特性和典型意義。它不僅是中華民族的寶貴財富，也是世界人類發展進步的寶貴文化遺產。長江中游新石器時代文化是中華文化的重要組成部分，石家河遺址則是其典型代表，是研究中國史前社會生產、社會生活、社會性質、社會結構、人口分布、聚落的發展演變與民族形成與文明起源、邦國興起原因的實物資料寶庫，在歷史發展和歷史學研究中具有獨一無二的研究價值。

石家河文化，與良渚文化、大汶口文化、紅山文化、仰韶文化、陶寺文化一道，共同編織出一幅新石器時代多彩的文化畫卷，共同推動著史前文化不斷跨越文明發展與進步的一道道門檻。

「千年古縣」大冶市

二〇一七年十二月二十二日，中國地名文化遺產保護促進會正式審核確認大冶市為「中國地名文化遺產千年古縣」。大冶市成為湖北省首個榮獲國家「千年古縣」殊榮的城市。「千年古縣」是由聯合國地名專家組和我國民政部共同實施的「中國地名文化遺產保護工程」重點項目之一，依據「中國地名文化遺產鑑定標準體系」和「地名文化遺產重點保護對象鑑定標準」，在中國現存的八百多個歷史在千年以上的古縣中，優選出一百個歷史悠久、文化積澱深厚、地名文化內涵豐富的古縣，進行「千

年古縣」的重點保護和國內外宣傳工作。

　　大冶，位於湖北省東南部，長江中下游南岸，湖北「冶金走廊」腹地，是華夏青銅文化的發祥地，歷史悠久，源遠流長。有三千多年的冶煉青銅史、一千多年的建縣史。早在夏朝，大冶先民就在大青山地區的銅綠山掘井採礦，點燃爐冶之火。宋乾德五年（967年），南唐國主李煜升青山場院，並析武昌三鄉與之合併，新置一縣，按《莊子·大宗師》中「以天地為大爐，以造化為大冶」一語，取「大興爐冶」之意，定名大冶。一千多年來，大冶之名一直未變。如今，大冶以其綜合實力被評為全國縣域經濟和縣域基本競爭力「百強」縣（市）、中國最具投資潛力百強縣（市）、中國中小城市綜合實力「百強」縣（市）、中國工業「百強」縣（市）、國家園林城市、全國文明城市。

　　此外，湖北有二十九個縣（市）入圍湖北「千年古縣」。

　　先秦時期：江陵、當陽、安陸；

　　兩漢時期：枝江、宜城、公安；

　　魏晉南北朝時期：監利、建始、石首、松滋、應城、雲夢、竹山、遠安、宜都；

　　隋唐時期：黃梅、谷城、麻城、巴東、南漳、棗陽、京山、長陽、興山；

　　五代及宋初時期：嘉魚、通山、潛江、崇陽、漢川。

第三節・三國勝跡

一千八百多年前，魏、蜀、吳三國紛爭不已，同時也在湖北大地上刻下了深深的歷史烙印。《三國演義》一二〇回中，有七十多回描述的風雲故事發生於湖北，所留下的名勝古蹟多達一百餘處。目前存有諸葛亮躬耕之地古隆中、赤壁古戰場、古代城池荊州古城、關羽長眠之地當陽關陵等多處名勝古蹟。

古隆中

襄樊古隆中是國家級風景名勝區、全國重點文物保護單位，國家 4A 級旅遊景區、湖北省十佳景區，距襄樊市區十三公里，至今已有一千七百年的歷史。這裡曾是三國時期蜀國最重要的奠基人諸葛亮早年隱居之地。諸葛亮於此「躬耕隴畝」，劉備「三顧茅廬」引發《隆中對》，因此後人將此地稱為「智者搖籃」「三分天下的策源地」。

現在的古隆中是一個以諸葛亮故居為主體的風景名勝區。在明代時期這裡就形成了「隆中十景」，即草廬亭、躬耕田、三顧堂、小虹橋、六角井、武侯祠、半月溪、老龍洞、梁父岩、抱膝石。新中國成立後又先後修建或新建了隆中書院、諸葛草廬亭、吟嘯山莊、銅鼓台、長廊、觀星台、棋盤石、琴台、孔雀寨、猴山等眾多景點。

隆中風景區山清水秀，碧波潺流，田園風光無限美好。進入古隆中風景區，首先映入眼簾的是一座三門石坊，即名聞天下的古隆中石牌坊，其正中便是「古隆中」三個大字，背陰寫有「三代下一人」，指諸葛亮是

襄陽古隆中景區石牌坊

夏、商、週三代以來的第一才人。兩邊石坊刻有杜甫「三顧頻煩天下計，兩朝開濟老臣心」之詩句，亦有《誡子書》中「澹泊明志，寧靜致遠」字句。轉過石坊，後面就是諸葛亮曾「躬耕隴畝」逾十畝的躬耕田，土地方正，整齊有序。前行即為小虹橋，一拱形石橋如虹橫跨在隆中山腳小溪上。相傳劉備二顧茅廬時，在這橋邊遇到諸葛亮的岳父黃承彥，見老人衣著不凡，便誤以為是諸葛亮，立即滾鞍下馬，趨前問候，鬧了一場誤會，小虹橋卻因此著稱於世。小虹橋直指向草廬的路徑，隆中山畔有一草廬亭，依山向谷，環境幽靜，是諸葛亮當年躬耕草廬的遺址。

武侯祠位於隆中山腰，隆中傳統十景之一，是供奉諸葛亮的祠宇。武侯祠是清康熙年間重建的，共有四進三院，祠內矗有諸葛亮、劉備、關羽、張飛及蜀漢政權中功勛顯赫的文武大臣塑像，威武雄壯，栩栩如

生。進入大門之後，濃陰遮天蔽日，立有六通石碑，其中最大為唐「蜀漢丞相諸葛武侯祠堂碑」，被稱為「三絕碑」。碑文對諸葛亮短暫而悲壯的一生作了重點褒評，竭力讚頌諸葛亮的高風亮節、文治武功。

一日隆中遊，便知三國事。隆中風景區山崗重巒，幽峰莽蒼，山不高大卻壯美，水不深幽卻靈秀。這裡不僅有智謀雙全的諸葛亮的三國故事，還有歷代以來不少文人墨客風流雅士來此憑弔懷古的風流佳話，給後人留下無限的遐想。

荊州古城

荊州古城作為中國歷史文化名城之一，其古城牆始建於春秋戰國時期，曾是楚國的官船碼頭和渚宮，後成為江陵縣治所，出現了最初的城郭。經過千年的風風雨雨，現聳立在人們眼前的雄偉磚城為明清兩代所修造，是我國府城中保存最為完好的古城垣。

荊州在三國時期屬於南北要沖，為兵家必爭之地。終三國之世，無論是三國鼎足局面的形成，還是魏、蜀、吳霸業的興衰，無不與荊州得失密切相關。三國著名將領曹仁、周瑜、關羽曾駐守這裡，三國一系列重大的歷史事件如「劉備借荊州」「關羽大意失荊州」「呂蒙襲荊州」等也發生在這裡。

荊州古城逶迤挺拔、完整而又堅固。磚城厚約一米，牆內垣用土夯築，下部寬約九米，牆體外用條石和城磚砌築。磚城通高九米，周長一一二八一米，磚城牆體用特製青磚加石灰糯米漿砌築。特製大青磚每塊重約四公斤，有的燒製有文字。在東門城樓的馬道上可以見到部分已採

荊州古城護城河｜曾躍攝

取保護措施的文字磚，文字磚記載了操辦城磚的官府、官員和時間。

　　荊州古城共有六座城門，即迎賓門（東門）、公安門（小東門）、安瀾門（西門）、拱積門（大北門）、遠安門（小北門）、南門。每座城門均設「雙保險」，前後兩道門，二門之間建有甕城，以便「甕中捉鱉」，置攻城之敵於死地。為緩解城內交通，中華人民共和國成立以後，新開城門三座，即新東門、新南門、新北門。新開的城門均無甕城。原來的古城門上建有城樓，但遺憾的是僅有東門和大北門留之於世。東門又稱「寅賓門」，城樓為「賓陽樓」，是迎接來使和賓客的城門。大北門又稱「拱極門」，是通向中原和京城的古驛道出口，每逢離別之時，百姓便於此表達依依不捨之情，因古人多折柳送行又被稱為「柳門」。

「白帝城邊醉放舟，夕陽荊楚此登樓。驚心割據三分地，放眼關河萬里游。」這裡曾流傳下來的名人佳話不計其數。荊州古城是我國中華文化中的燦爛瑰寶，是我國古代燦爛文化的見證。

襄陽古城

襄陽古城，全國重點文物保護單位，位於漢水中游南岸，三面環水，一面靠山，易守難攻，故為歷代兵家所看重。三國時期，這裡便成為各路英雄爭奪的戰場，如孫堅攻劉表，曹操降劉琮、關羽攻襄陽等均發生在這裡。襄陽古城是中國最完整的一座古代城池防禦建築。

襄陽城始建於漢，後屢經水患兵災，歷代各朝均有修復。明洪武初年維修古城時，漢水南岸北移，為使北城與漢水緊連，加強城東北角防禦能力，把城向東北擴展，遂使城周長達七點三公里，面積達二點五平方公里。明清時期襄陽古城因漢水多次潰堤壞城而幾經修築，現存城牆基本上是明代的牆體，外砌大城磚，內用土夯築，城門共有六座。萬曆四年（1576 年），知府萬振孫為六門題名：陽春門、文昌門、西城門、拱宸門、臨漢門、震華門，因西門是朝拜真武祖師廟的必經之路，故又稱為「朝聖門」。襄陽古城在明清時期，古建築保存較為完整：六門城樓高聳，四方角樓穩峙，王粲樓、獅子樓、奎星樓點綴十里城郭，金瓦琉璃，高牆飛簷，煞是壯觀，整個城池都和諧地融為一體，給人以古樸典雅的感受。

襄陽城北、東、南由滔滔漢水環繞，西靠羊祜山、鳳凰山諸峰。據山臨水，蔚為壯觀，明人李言恭詩讚「樓閣依山出，城高逼太空」。古城城

襄陽古城

下環以護城河，平均寬度一八〇米，最寬處二五〇米，是我國最寬的人工護城河，被稱為「華夏第一城池」。整個護城河河面寬闊如湖泊，使得襄陽城易守難攻，固若金湯。素有「鐵打的襄陽」之美稱。

　　襄陽城牆最有名的一段是夫人城，夫人城位於襄陽城西北角。東晉太元三年（378 年）苻丕領命向襄陽發動進攻。當時東晉的梁州刺史朱序奉命守城，他疏忽大意以致於對敵情輕敵誤判。朱序之母韓夫人早年隨丈夫朱燾於軍中，頗知軍事。當襄陽被圍攻時，她親自登城觀察地形，巡視城防，認為應重點增強西北角一帶的防禦能力，並親率家婢和城中婦

女增築一道內城。後苻丕果然向城西北角發起進攻，晉軍堅守新築內城，得以擊退苻丕。後人為了紀念韓夫人的智慧及其英勇抗敵的精神，便以「夫人城」命名該段城牆。

襄陽城是座巍峨雄麗的古城。她以悠久的歷史、燦爛的文化、豐富的文物古蹟、壯麗的山川河流聞名遐邇。繞城泛舟遊覽，只見城垣高築，垛堞處處，垂柳掩映，灌木蔥蘢，實是旅遊一大好去處。

赤壁古戰場

赤壁古戰場是國家重點文物保護單位、國家 4A 級旅遊景區，位於長江中游南岸，是我國古代「以少勝多，以弱勝強」七大戰役中唯一尚存原貌的古戰場。赤壁一戰，三國鼎立；震古爍今，光耀環宇。赤壁古戰場

赤壁古戰場

的歷史定位以及文化影響都是舉世無雙的。兵家言：以少勝多，以弱勝強，必數赤壁之戰。對於大多數國人而言，只有到了赤壁才知道「道、天、地、將、法」的高妙。

古赤壁戰場遺址由赤壁山、南屏山、金鸞山三山組成。東漢建安十三年（208 年），曹操率八十萬大軍南下，試圖橫掃江南，稱霸天下。孫權與劉備結成五萬人的聯軍，合力抗敵，他們利用長江天塹，採用火攻之

計大破八十萬曹軍，從而奠定了魏、蜀、吳三國鼎立的局面。這一場以少勝多的赤壁之戰，留下了數之不盡的三國遺跡，也引得不少名人留下詩話。詩仙李白於此寫下「二龍爭戰決雌雄，赤壁樓船掃地空。烈火張天照雲海，周瑜於此破曹公」。

目前赤壁古戰場景區的主要景觀有：赤壁摩崖石刻、周瑜塑像、拜風台、鳳雛庵、翼江亭、赤壁大戰陳列館、赤壁碑廊、千年銀杏、三國雕塑園等數十處。

赤壁山磯頭的臨江懸崖上，有石刻「赤壁」二字，相傳為周瑜所書，故也有人稱此地為「周郎赤壁」，是赤壁現存最早的文化遺跡。赤壁山磯頭還建有翼江亭，以赤壁山如金鸞之翼搏擊長江而得名。亭邊塑有周郎石像，他傲對長江，肩披斗篷，手持利劍，壯志滿懷地指點著江山如畫。拜風台又名「武侯宮」，是紀念赤壁之戰中諸葛武侯在此「設壇台、借東風、相助周郎」而建造的，諸葛武侯羽扇輕搖，巧借東風，借出千年來震古爍今的一戰，借出一個三國鼎立的新格局。南屏山東南方的金鸞山上，有座鳳雛庵，相傳為赤壁之戰時，「鳳雛先生」龐統披閱兵書之處，當年鳳雛先生在此隱居巧獻連環計。如今庵內千年紫藤繁花盛放，參天銀杏蒼翠如故。

一龍一鳳，齊聚赤壁，讓這一方土地借臥龍鳳雛雙英之勢一飛沖天。歷史連綿不斷，山水歷盡滄桑；遺台故壘，掩翳榛莽；陵台迭變，風煙猶存。

當陽關陵

關陵，原稱「大王冢」，全國重點文物保護單位、靈秀湖北十大旅遊名片之一，位於湖北當陽城區西北三公里處，與山西運城解州關帝廟、河南洛陽關林並稱中國三大關廟，距今已有一七〇〇餘年歷史。關陵是為紀念三國蜀將關羽而建，乃關羽之陵寢。

東漢建安二十四年（219 年），關羽敗走麥城被吳兵所殺，孫權怕劉備報殺弟之仇，將關羽首級獻與曹操，企圖嫁禍於人，並將其正身以侯禮葬於當陽城西北，而首級被葬於洛陽關林，這便是「頭枕洛陽，身困當陽」俗稱的由來。

當陽關陵

關羽陵墓，最初是座土冢。自隋唐以來，歷代皇帝為關羽加封，使其成為武聖人，直至關帝，他的陵園也隨之擴大，形成宏偉的規模。明嘉靖十五年（1536年），此地已建成陵園建築群，始名「關陵」，沿用至今。關陵的建築群憑藉宮牆連接在一起，紅磚黃瓦、富麗堂皇。陵園中軸線上，由前而後依次排列著神道碑亭、華表、石坊、三圓門、馬殿、拜殿、正殿、寢殿、陵墓。神道碑上書：忠義神武靈佑仁勇威顯關聖大帝漢前將軍漢壽亭侯墓。陵園兩側分設八角亭、春秋閣、碑廊等。正殿為主體建築，前簷懸「威震華夏」金匾，殿內供奉關羽父子和周倉的大型塑像，造型生動，威風凜凜，氣概不凡。寢殿內有高大巍峨的關公銅像。寢殿後的墓冢，高七米，周長七十米，墓周以青石為垣，環繞有石雕欄杆，刻「巨龍如海」等圖案。墓前碑亭中，立有「漢壽亭侯墓」碑。

整個陵園殿堂森嚴，風景幽麗，古柏參天，遠山近水，風景四季常新，加之三國故事膾炙人口，關公品德世人景仰，於是常有慕名而至的旅遊者前來拜謁憑弔。

鄂州吳王古都

鄂州地處長江中游，是湖北省歷史文化名城，迄今已有一千七百多年歷史，素有「吳王古都」之稱。翻開湖北文化歷史，會發現曾經有三個武昌，其中之一就是古武昌（今鄂州）。古武昌因其帝都威嚴、商賈雲集、市場繁榮而名聞天下。

東漢末年，吳王孫權以「吳越之眾，三江之固」，拔劍辟石，在這裡告天稱帝，取「以武而昌」之義改鄂縣為武昌，定都於此，改年號為黃

龍。高古而富饒的鄂州，自此以「吳王古都」之稱獨領風騷千餘年。

「樊山八字形長在，漢鼎三分國盡墟。安樂故宮猶廟食，遺民時薦武昌魚。」這是南宋詩人王十朋在今鄂州憑弔昔日孫權故都時所留下的詩句。當年吳王孫權遷都鄂縣，改名武昌，同年修築武昌城。城北臨長江龍蟠磯，南眺南湖，東據虎頭山，西依西山，為龍盤虎踞之地。城呈長方形，東西長一千餘米，南北寬五百餘米，周長三千米，總面積約〇點六平方千米。

據史籍記載，當時武昌城內建有武昌宮、太極殿、禮賓殿、安樂宮等大型宮殿建築，宮瓦用澄泥做成，堅硬細膩，後世用以作硯，一瓦萬錢。城有五門，各以所向為名，唯西北角多一流津門，連接吳王苑囿。

鄂州吳王古都御花園｜王性放攝

吳王城遺址在今鄂州市南郊百子畈，現存一段長約六十米、寬十米、高四米的夯土城牆和形如帶狀的護城河痕跡。這是我國僅存的三國時期都城遺址，在考古研究和歷史研究上都具有極重要的研究價值。

　　自吳王城出西門，有一座山臨江而立，逶迤曲折，林木蔥蘢，古稱「樊山」，又稱「西山」，是當年吳王孫權避暑讀書之地，現存有避暑宮、即位壇、讀書堂、廣宴樓、試劍石等遺跡。

　　西山寺是在當年吳王避暑宮舊址上修築的，寺中大雄寶殿旁的月門上，正面寫有「英雄避暑」，背面寫有「清涼福地」，相傳此地就是避暑宮殿舊址，今立有孫權塑像。

　　「千年往事人何在，遺跡猶存說仲謀」。吳王城、武昌樓、試劍石、讀書堂……眾多的三國遺跡，無不向人們訴說著一千多年前鄂州的風韻與輝煌。

第四節・名人故里

　　湖北人傑地靈，人才輩出，從古至今湧現出許許多多名垂青史的著名人物。在歷史長河的推進過程中，這些名人已成追憶，但他們的故事，依然代代相傳於湖北各地的街頭巷尾。名人故居就是後人們對他們最真誠的緬懷和紀念，讓我們一起去走訪那些命運各不相同的名人的故居，看看他們光輝而偉大的一生。

屈原祠

　　屈原祠又稱「清烈公祠」，位於秭歸縣東一點五公里長江北岸的向家坪，占地面積約三十畝，始建於唐元和十五年（820 年）。後因修建三峽大壩再遷至秭歸縣新縣城鳳凰山屈原故里景區內，且按原貌重建。

　　遷徙後的屈原祠占地一點四萬多平方米，倚山面江，坐北朝南，四周有橘林、竹林、桃園等，清幽雅緻，景色宜人。屈原祠堂內包含有山門、屈原青銅像、東西碑廊、紀念屈原陳列館、屈子衣冠塚等景觀。

　　山門的建築風格獨具一格，歇山重檐，三面牌樓，六柱五間，三級壓頂。牌樓上方正中的天明堂上為郭沫若手書的「屈原祠」三個大字，襄陽王樹人所書的「孤忠」「流芳」分嵌左右額枋。屈原青銅像矗立在屈原祠中心的大壩上，屈原塑像頭微低，眉宇緊鎖，體稍前傾，邁動右腳，提起左手，兩袖生風，展現出其忠君愛民的精神和高風亮節的氣質。屈原殿堂後為屈原墓，隨屈原祠遷徙而建，是清道光年間的文物。

紀念屈原陳列館坐落在青銅像大壩上，是歇山大屋頂，白牆琉璃瓦，建築面積六四〇平方米，陳列館正面匾額上懸掛有郭沫若辭世之前的手跡「屈原紀念館」。整個紀念館不僅陳列有在秭歸出土的珍貴文物，還有介紹屈原生平的圖片、繪畫、詩詞、樂曲、書法、屈原研究論文和歷代各種版本的《楚辭》，對研究屈原文化具有相當重要的價值。

屈原祠

屈原雖已逝去，但人們卻用各式各樣的方式來祭奠其亡魂。在南方，每年的端午節，都會舉辦用來祭祀屈原的龍舟比賽。端午時節，包粽子、賽龍舟、祭祀屈原，已成為兩湖人民習以為常的風俗。

昭君故里

昭君故里即王昭君的故鄉，位於興山縣城西的寶坪村，後又名為「昭君村」。昭君村是一個山明水秀的好地方，臨香溪水，背靠紗帽山，群峰林立，崖壑含翠，橘林去湧，香溪迴環，杜甫詩中「群山萬壑赴荊門，生長明妃尚有村」即指此地。

昭君村裡目前存有昭君宅、望月樓、楠木井、梳妝臺、玉字崖、明妃墩、琵琶橋等舊址遺跡，以及昭君陳列室、昭君亭、故里長廊、昭君像等。村裡有一個壘石為基的屋台，相傳是王昭君望月樓遺址。據說，王昭君出生在一個皓月當空的夜晚，她從小喜愛月亮，經常登樓望月，村

民於是稱此樓為「望月樓」。望月樓已毀，現僅存下屋石臺基。現在遺址上還置有古色古香的石桌、石凳和一具附近出土的漢代石獸。望月樓前有一口如菱花鏡似的水井，井水清澈碧綠，四季不竭，冬暖夏涼，清甜可口。井臺由瓷石築成，中間有楠木，看起來十分醒目，因井中有一古楠木而得名為「楠木井」。井旁青石碑上鐫刻有郭沫若夫人於立群所書「楠木井」三個隸體字。在昭君村附近，回水沱香溪至此突然急轉南流，河底復有清泉湧出，形成回水深潭。此深潭名為「珍珠潭」，據說昭君入京應選臨別故鄉之時，臨潭照影，映泉梳妝，將頭上顆顆珍珠撒落潭中，潭水因而得名。

在昭君村還存有關於王昭君的許多美麗傳說。昭君村有清秀的香溪河繞村前流過，河水清澈見底。每逢春天，河中都游動著半透明、圓圈形

昭君故里

的桃花魚，與沿岸的綠樹和水下的五彩石交相輝映。相傳此魚與中國古代四大美人之一的王昭君有關。昭君嫁入匈奴之前，曾經返回故鄉省親，離別之時正是桃花盛開的季節。她一路彈著琵琶，想到從此將永別故土，不禁潸然淚下，連串的淚珠與水中的桃花漂聚一起，便化成了美麗的桃花魚。

陸羽故里

　　陸羽的出生地天門以「陸羽故里」聞名於世。

　　天門至今還保留有不少與陸羽有關的遺跡。天門有一古雁橋，位於竟陵城西門外，傳說是當年大雁庇護陸羽的地方。相傳，陸羽在出生不久後就被遺棄，被一群大雁所庇護。智積禪師在漫步西湖之濱的時候，聽到蘆葦叢中有群雁喧嘩，於是循聲尋去，看見三隻大雁用羽翼庇護著一個嬰兒，便將嬰兒收留在禪院撫養教育，這個小孩就是陸

陸羽故里

羽。後人為紀念陸羽，在此建石橋一座，取名「雁橋」。智積禪師喜歡喝茶，陸羽便經常為他煮茶。經過長期的煮茶、品茶實踐，陸羽終於煮出了好茶，以致於智積禪師非陸羽所煮茶不喝。鎮北門有一座「三眼井」，曾是陸羽煮茶取水處。井台旁邊有一塊後人立的石碑「唐處士陸鴻漸小

像碑」，碑上刻著陸羽坐著品茶的情景，神態自得，頗有韻味。

　　位於竟陵西湖之濱的陸羽紀念館，是以陸羽生平業績為主題的具有古典園林特色的紀念博物館。館舍由前殿（即陸公祠）、後殿（即大雄寶殿）、涵碧堂、東岡草堂等建築群組成。陸公祠內東壁懸掛著二十四幅圖文並茂的「茶神」陸羽的生平簡介展牌，西側牆壁上懸拴著九塊呈長方形的展牌，展現了《陸羽茶經》的全部內容，殿內中間展出日本茶道和韓國陸羽茶經研究會所贈紀念珍品和書刊。整個殿堂典雅肅穆，生動地反映了陸羽潛心茶事業、嚴謹治學、博學多才的卓越事蹟。後殿（即大雄寶殿）館內第一樓陳列有全市歷史文物和傳世古物、珍寶等三千餘件，第二層樓則展出天門市歷代名人書畫精品和部分革命文物。

　　天門人深以陸羽故里為豪，並致力於將天門市建設成「中國茶城」。目前，天門市以茶文化為核心，已建立起陸羽國際茶文化交流中心、西湖陸羽故園等相關文化園地。

東坡赤壁

　　東坡赤壁，又名「黃州赤壁」「文赤壁」，俗稱「赤壁公園」，位於古城黃州的西北邊。東坡赤壁原名「赤鼻磯」，因臨江斷崖、屹立如壁，其岩石突出有如城壁一般且呈赭紅色，所以稱之為「赤壁」。北宋元豐三年（1080年），大文豪蘇軾因受「烏台詩案」牽連，謫居黃州，蘇軾在黃州任職期間曾多次到此遊玩，並留下了大量詩賦，如《念奴嬌・赤壁懷古》《赤壁賦》等，使赤壁聞名遐邇。清朝康熙年間，因蘇軾號「東坡居士」，赤壁被命名為「東坡赤壁」。

東坡赤壁素有「風景如畫」之美譽，依山勢而建，占地面積約三萬平方米。現存二賦堂、坡仙亭、睡仙亭、問鶴亭、酹江這、放龜亭、挹爽樓、涵暉樓、留仙閣、鳥石塔、棲霞樓等景緻。

進入赤壁公園大門，便是小橋流水的景象，草坪的盡端是個小廣場，廣場正中塑有蘇東坡的巨型石像，高十餘米，潔白無瑕，在陽光映襯下十分耀眼。蘇公左手抄後，右手托書，目光迴然，直視前方，好一副書生意氣。

進門不遠處有一留仙閣，是後人為緬懷蘇東坡而修建的。閣內有《蘇東坡游赤壁圖》的壁畫以及非常珍貴的由蘇東坡親書的《乳母任氏墓誌》

東坡赤壁

碑文。與留仙閣相鄰的是二賦堂，始建於清初，因紀念蘇軾赤壁二賦而得名。堂內正中木壁高約兩丈，正面刻有清人程之楨書寫的《前赤壁賦》，背面刻有近代著名書法家李開重書寫的《後赤壁賦》，漢隸魏碑二體相兼。兩幅木刻每字直徑三寸有餘，前者豪邁俊逸，後者則蒼勁有力。

與二賦堂相鄰的有酹江亭、坡仙亭、睡仙亭、放龜亭以及問鶴亭等。在赤壁的最高處，巍巍聳立著黃州四大名樓之一的棲霞樓，樓內有仿蘇軾手跡的行書作品《黃州寒食帖》，是書法中的精品。棲霞樓背山面江，每當日落西下之時，晚霞便染紅整個江面，整個樓身如霞歸棲，棲霞樓便是因此而得名。站在棲霞樓上，登高遠望，波光粼粼，霞光瀲灩，一片美景盡收眼底。

游東坡赤壁，感受歷史文化古蹟。這裡不僅貯藏著歷代傑出文豪的瑰瑋墨寶，還記錄著一代曠古奇才的滄桑足跡，令人無限感懷。

張居正故居

張居正故居，位於湖北省荊州市古城東大門內。由於歷史原因，張居正原故居幾經興廢，已毀於戰亂。為了給後人提供緬懷、紀念張居正的場所，人們在荊州東門將張居正生前所住的屋子進行重建，成為現在的張居正故居。

重建的張居正故居為典型的四合院，小花園風格，生動地還原了歷史的真實面貌和人文狀況。

張居正故居緊挨荊州古城牆東門，城外是寧靜的護城河，河水悠蕩，故居安詳，猶如搖籃中甜睡的嬰兒。故居包括大學士府、九鳥苑、陳列

館、文化藝術碑廊、首輔論證群雕等景觀。

　　走進故居大門的第一個院落，迎面就是太岳堂，左邊為太師居，是張居正回鄉葬父時期在荊州時的居所。因朝政仰賴其主持，當時凡國家大事皆快馬報送荊州，張居正正是在此處理朝政。

　　太岳堂後向右走就是西花園，此花園別有特色。張居正故居是典型的園林藝術的代表之一，它不是蘇州園林那樣的小家碧玉，也不是皇家園林那樣的大家閨秀，卻是難得的樸素中帶有書卷氣，簡單中不失高雅。西花園中有一些古時農家的物品，如水車、木質雕花床、蓑衣等。花園裡還有小橋流水和亭臺假山，假山後面還有幾隻高傲的大白鵝，見到人也不會避讓，昂起它雪白優雅的脖子信步遊蕩。

張居正故居

穿過西花園的北門是張文忠公祠。張居正在世時候，建有世德慶源祠，祀其先祖。後由張居正的曾孫張同敞改為「張文忠公祠」，門口刻有一副對聯：「隆萬年間千載遇，伊周而後一人難。」

祠堂的後面是文昌閣，院內有一顆長勢茂盛的樹，叫「祈福許願樹」，樹下的牌子上記載著張居正與這棵樹的奇妙淵源。不少遊客來到此處拜一拜，許一個願，希望也能如張居正那般心想事成、步步高昇。

張居正故居內還有不少名人碑刻，可以稱得上是碑刻藝術的瑰寶，是熱愛書法碑刻之人的理想去處。

楊守敬書院

楊守敬書院位於長江、清江、漁洋河三水交會的宜都市高壩洲庫區，是鄂西生態文化旅遊的核心景觀帶，這裡存放著楊守敬生前藏書的部分複製品和優秀的書法作品。

楊守敬書院是三峽地區第一個書院式景區，建於二〇〇五年，具有濃厚的清末民初建築風格，主要由千碑林、觀海堂、勤成講堂、諸賢祠、繼賢廳、東瀛館、清源閣、問江山房、一得居、四寶堂、鄰蘇草堂等主要建築組成。

楊守敬書院整個景區布局大致分為書院講學區、藏書區、祭祀區等部分，主要承擔楊守敬文化及中國傳統文化的教育、傳承功能，這裡還可以進行藏書、學術交流，並祭祀中國古代歷史文化名人。

守敬廣場正中央佇立有楊守敬老先生的雕像，他站在蒼茫天地間，雙

宜昌楊守敬書院

目注視著汨汨流淌的清江，神情篤定，顯示出楊守敬先生嚴謹治學的風
範。

李先念故居

　　李先念故居是全國重點文物保護單位、國家 4A 級旅遊景區、紅色革
命旅遊教育基地，位於湖北省紅安縣以南二十公里的高橋鎮，雄踞在紅
安縣南部連綿起伏的丘陵崗地之中，南與黃陂木蘭山生態旅遊區、木蘭
天池自然風景旅遊區隔湖相望。這裡山清水秀，盛夏如春，人傑地靈，
是全國十二條紅色旅遊精品線路之一。現在對外開放的有李先念故居、
李先念圖書館、故居紀念館、紀念園牌坊式門樓等。

李先念故居紀念園呈現出狹長的院落結構形式，從紀念園大門進去後，路邊是圖書館，後面就是故居和故居紀念館。整個建築群和周圍的池塘、青山融為一體，樸實無華，保持了原有故居的樣貌，充分利用了周圍的景色，自然而和諧。

李先念的故居保持著原有的鄂東民間建築風格，是李家祖輩租種地主的佃田時住過的房屋，現其內部以復原方式陳列展現出來。西側兩間是李先念父母的住房，一九〇九年六月二十三日，李先念就誕生在這裡，並在此度過了他的童年和青少年時代，爾後從這裡走上革命道路。東側三間是其哥嫂的住房，也基本上保持了原貌。進門之後為正廳，擺設有香案、方桌、椅子、紡線車等，靠右邊的一間是臥室兼廚房，放置有床、儲櫃，還有柴灶等。

故居西側是故居紀念館，由二十世紀七〇年代的高橋地區革命傳統教育展覽館發展而來，以凝練的展示性語言反映從高橋鎮走出的傑出的革

李先念故居紀念館

命家、政治家、軍事家李先念的偉大一生，用圖片和文字展示他在革命、建設和改革開放不同歷史時期的重大事件、業績和歷史功勳。

故居圖書館是按李先念在中南海居住的房屋仿造的，分為生活區、辦公區、功能區，部分再現了李先念在京期間生活和工作的環境。圖書館收藏了關於李先念生平、紅四方面軍戰史、新四軍第五師發展史及農業科技等方面的圖書四千多冊。

「先天下之憂而憂，清風兩袖；念人間之苦為苦，正氣千秋」，這是軍旅作家劉亞洲為李先念故居紀念園所作，精確凝練地概括了李先念的戎馬一生。

第五節 · 建築瑰寶

　　一座精巧的建築可以濃縮整個民族甚至人類社會文明的精華。荊楚地區擁有許多著名樓臺園林和特色城池，如位於武昌的黃鶴樓，為古代江南三大名樓之一，依山瞰江，宏偉壯麗；恩施大水井集土家特色與西方建築風格於一體，書寫一個家族的榮譽史；恩施土司城彰顯土司文化，演繹一個民族的建築文化史……這些樓臺與城池凝聚了荊楚子民的智慧與能力，在湖北各地熠熠生輝。

黃鶴樓

　　「昔人已乘黃鶴去，此地空餘黃鶴樓。」在武漢市南岸的武昌蛇山峰嶺之上，屹立著有「天下江山第一樓」之稱的武漢標誌性建築黃鶴樓。黃鶴樓為國家 5A 級旅遊景區，有「天下絕景」之美譽，始建於三國吳黃武二年（223 年），由軍事堡壘逐漸發展成為江城遊覽勝地。唐代著名詩人崔顥曾在遊覽黃鶴樓時題下詩歌《黃鶴樓》，使黃鶴樓遠近馳名，聞名遐邇。黃鶴樓具有獨特的民族建築風格，與蛇山腳下的武漢長江大橋互為映襯，登樓遠眺，能將武漢三鎮的綺麗風光盡收眼底。

　　關於黃鶴樓以「黃鶴」為名的原因，一說原樓建在黃鵠磯上，後人念「鵠」為「鶴」，長此以往，口口相傳，遂傳成事實。另外一種說法則是帶點神祕色彩的「仙人黃鶴」說。魏晉南北朝時期，盛行神仙之說，有關跨鶴之仙的傳說，最早出現在南朝科學家祖沖之的筆下。他的《述異記》中的「駕鶴之賓」就是關於黃鶴樓得名的故事：黃鶴樓原址在湖北

天下江山第一樓——黃鶴樓

武昌蛇山黃鶴磯頭，據傳說，此地原為辛氏開設的酒店，一道士為了感
謝她贈酒之恩，臨行前在壁上畫了一隻鶴，告之它能下來起舞助興。從
此酒店賓客盈門，生意興隆。過了十年，道士復來，取笛吹奏，便跨上
黃鶴直上雲天。辛氏為紀念這位幫她致富的仙翁，便在其地起樓，取名
「黃鶴樓」。

　　黃鶴樓歷經千年，屢遭兵火之災，經過了多次重建。從唐以前的二層
木製高樓，到宋以後的三層高樓，最後一座木質結構黃鶴樓毀於清光緒十
年（1884 年）。二十世紀八〇年代重建的黃鶴樓為鋼筋混凝土仿木結構。
樓高五層，總高度五十一點四米，建築面積三二一九平方米，內部由七十
二根圓柱支撐，外部有六十個翹角向外伸展，屋面用十多萬塊黃色琉璃瓦
覆蓋構建而成。簷下四面懸掛匾額，正面由著名書法家舒同題「黃鶴樓」

三個大字。

黃鶴樓每層布置各不相同。第一層大廳的正面牆壁是以「白雲黃鶴」為主題的巨大陶瓷壁畫。四周存放各個朝代關於黃鶴樓的重要文獻、著名詩詞的影印本，以及各代黃鶴樓繪畫的複製品。在二樓的大廳正面，刻有唐代閻伯理撰寫的《黃鶴樓記》，對黃鶴樓的榮辱興衰進行記載，兩側樓記分別是「孫權築城」和「周瑜設宴」的壁畫。三樓大廳的壁畫則為唐宋名人的「繡像畫」，如崔顥、李白、白居易、陸游等。四樓大廳用屏風分割成幾個小廳，內置當代名人字畫，供遊客欣賞、選購。頂層大廳有《長江萬里圖》等長卷、壁畫。

黃鶴樓因仙得名的傳說為南來北往的遊客插上了縱橫四海的想像翅膀，滿足了人們的求美意志和審美需求，令許多文人墨客留下了不少名傳千古的篇章。唐代有崔顥、李白所寫的《黃鶴樓》《望黃鶴樓》《黃鶴樓送孟浩然之廣陵》等，當代有一代領袖毛澤東寫下的《菩薩蠻·黃鶴樓》。黃鶴樓的美麗傳說和經典詩篇，已使它成為國人心中不朽的文化瑰寶，萬古流芳。

大水井

大水井是全國重點文物保護單位，坐落於利川市柏楊壩鎮，是《龍船調》的發源地。它始建於明末清初，是長江中下遊目前規模最大、保護較好、藝術價值極高的古建築

大水井

群，集土家建築特色與西方建築風格於一體。其建築群由李亮清莊園、李氏宗祠、李蓋五莊園三部分組成，像一首由土家嗩吶、木笛、葉笛、鑼鼓加西洋長號奏出的三部曲，見證著一個家族的榮辱興衰，凝固著一個民族的建築文化史。

李氏莊園的建築面積達六千平方米，有二十四個天井、一七四間房屋。從建築風格上判斷，該莊園可分為兩個部分。西南部分基本為李氏老宅舊貌，始建於明代晚期，木質結構，古樸典雅，具有濃郁的土家民族地方特色。東北部分為清乾隆後李氏不斷改修擴建而成，採取磚木並作的方式，中西合璧，洋氣大方。莊園最具特色的「走馬轉角樓」「一柱六梁」「一柱九梁」的建築格局，備受建築行業的推崇。更令人驚嘆的是整個莊園沒有用一顆鐵釘，全部採用木骨架，迴廊、彩簷吊腳樓按「風水」「八卦」及地理條件環環相扣，互相依託，互為襯頂，布局隨心所欲但又恰到好處，並且不乏嚴謹，即使是下雨天，莊園的每個房間都不會很潮濕。

從李氏莊園右側的邊門而出，就可以看到李氏宗祠，它位於固若金湯的城池之中，巍峨的城牆與周圍的地理環境映襯出的威嚴和霸氣，令人望而生畏。城牆壁總長約四百米，高八米，厚三米，牆梯依山勢逐級升高，角梯皆由整塊巨石建成，依次布設槍炮孔一〇八個，嚴密地封鎖著所有的通道，可謂壁壘森嚴，固若金湯。祠堂正面東側有口小井，周圍砌起了高高的圍牆，圍牆正面刻有「大水井」三字，這也正是大水井名字的來歷。

坐落於群山環抱中的高仰台，是最後一任族長李蓋五的莊園。此地原叫「葡萄翁」，因主人嫌其地名俚俗，遂取「高山仰止」之意更名。莊園

占地二千餘平方米，有房屋四十餘間，建築飛簷翹角，精雕細琢，鬼斧神工，其匠心工藝絲毫不亞於與之遙相對應的李氏莊園。

三百餘年的歷史在時代年輪中輾轉交替，關於李氏家族的故事也在眾人口中代代相傳，一切神祕色彩盡揮灑在大水井的一牆一瓦中。大水井不僅見證了一個家族的興衰，也見證了土家族文化在時代裡閃現出的光芒。

魚木寨

魚木寨位於恩施利川西部，是一座立於四周絕壁頂上的土家族山寨，歷來為土司盤踞和少數民族起義軍征戰的據點。魚木寨占地六平方公里，有土家古堡、雄關、古墓、棧道和民宅，是國內保存最為完好的土家山寨。這裡有保存完好的城堡寨牆、古棧道以及數十座技藝精湛的古墓石雕。魚木寨因其古色古香的民俗風情，被人稱作世外桃源。

魚木寨明代時屬於譚姓土司，因其獨特的地理優勢，這裡一直是土司交戰的重要據點。一次，馬姓土司前來攻寨，但魚木寨的險要地勢令對方久攻不下。數月後守寨的譚姓土司扔下活魚掛在前來攻寨的馬土司帳前的樹上，馬土司見此嘆道：「吾克此寨，如緣木求魚也！」於是，魚木寨就有了這個名字。

魚木寨四面懸崖如削，鐵壁三層，螺峰四座，僅有一條兩米寬的石板古道直通寨門。寨上現存古人居住、織布、榨油、鑄幣的崖穴近一百處；寨內有一雞頭溝瀑布，落差達一百餘米，瀑布流水有如飛珠濺玉，氣勢磅礴。寨內還保存有清代墓碑數十座，碑高都在五米以上，石雕技藝高

魚木寨六吉堂｜王勇攝

超，工藝精湛。寨中的「三陽關」卡門、「亮梯子」石棧道均鑿於絕壁之上，十分險要，巧奪天工。「亮梯子」每級用長一點五米、寬〇點四米的條石築成，一頭插於岩臂，一頭懸空，人走在梯子上，腳下就是萬丈深淵，讓人頓感毛骨悚然。

時至今日，這裡仍有居民五百餘戶，他們全部都是土家族人。其婚喪、飯食習慣，以及建築風格都保持著獨特古老的民族風情。寨子裡的男男女女個個能歌善舞，熱情好客。男子善飲酒，尤其是苞穀酒；姑娘們則愛繡花襪底，做布涼鞋。具有土家土味的甜酒糯米湯圓、陰米子、土臘肉、合渣至今仍是這裡人們的主要飲食，也是土家族的特色美食，食之令人流連忘返。

魚木寨還是一個人傑地靈的地方。在恢復高考後，小小的山村裡走出

不少大學生。寨上的民風也淳樸依舊，每個人臉上都洋溢著燦爛的笑容，眼裡透出無限的真誠。當你感到走路勞累路邊歇腳之時，便會有當地人盛情邀請你喝碗自家產的茶；當你感到飢餓乏力而停下腳步時，亦會有親人一般的村民請你去吃飯！

恩施土司城

恩施土司城又稱「墨衛樓」，位於恩施西北。土司城由蘇州園林設計院設計、地方民間藝人承建而成，是一處土家族地區仿古土司莊園建築群，也是目前全國規模最大、工程最宏偉、風格最獨特、景觀最亮麗的土家族地區土司文化標誌性工程。

目前土司城城內已建成有門樓、侗族風雨橋、廩君祠、校場、土家族民居、土司王宮——九進堂、城牆、鐘樓、鼓樓、百花園、白虎雕像、臥虎鐵橋、聽濤茶樓、民族藝苑等十二個景區共三十餘個具有民族特色的景點。

土司城門樓也稱「土司朝門」或「看樓」，它集中表達了土司的威嚴和豐功偉績。恩施土司城門樓高二十五米，寬十二米，是榫卯結構的木樓，高大壯觀且結構精良。兩邊的走馬轉角樓梯可盤旋至頂，層層相通相連。門樓門窗由二百扇門、一八九塊鏤空雕花圖案組成，內容多為戲文及民間傳奇故事等。整座門樓還隱含著許多奇巧而又寓意雙關的數字，如門樓高四層、十二根柱、二十四根梁，這些數字寓意著一年中的四季、十二個月和二十四個節氣，在門樓設計中處處都可以發現有著吉祥寓意的設計。

恩施土司城九進堂｜馬占軍攝

　　土司城內的民居建築都是具有土家族風情的吊腳樓。這些吊腳樓依山傍水而建成，房屋周圍種植有果木與竹林，在一片綠掩叢林中顯得亭亭玉立，頗有「小橋流水人家」的清幽之感。

　　九進堂是土司城最為核心之處，也是其建築主體。它由三三三根柱子、三三三個石柱礎、三三〇道門、九十餘扇窗、數千塊雕花木窗、上千根檁子、上萬根椽木組合而成，進深九十九點九九米，寬三十三米，總建築面積三九九九平方米，是目前國內罕見的純榫卯相接的木結構建築。這些寓意雙關的數字寄託著土家族人民對未來美好生活的嚮往。從遠處望去，這座高低有序、錯落有致的九進堂宛如一座雄偉巍峨的皇

城，所以恩施土司城也有「土司皇城」之說。

土司制度是歷史上封建王朝對少數民族地區實行歸屬中央、權力自治的一種政治管理體制。在新的歷史時期，重建土司城的用意就在於遵從於真實歷史，重現土司制度下的社會發展狀況，對土家族的悠久歷史和豐富多彩的民族文化進行保存，也為後世留下一份珍貴的回憶。

恩施女兒城

恩施女兒城位於恩施七里坪，是一座頗具特色的文化旅遊古鎮，也是中國的「相親之都」。恩施女兒城坐西朝東，位於五峰山腹地，背靠主峰，城前有淙淙流淌的洗爵溪經過。遠看女兒城宛如一個大的聚寶盆，

恩施女兒城｜黃鶴攝

東流的小河溪形成了一個清澈的小湖泊，土家女兒城選址於此後，她便有了一個溫婉的名字——女兒湖。不管是從風水上來講，還是從建設布局上來看，恩施女兒城都是一塊天然的福地。

恩施女兒城是以土家文化為核心，利用民間風俗、地方資源打造的土家族古鎮，整體規劃以及建築風格都力圖再現土家族原汁原味的少數民族風情。目前女兒城以土家吊腳樓形式建設了五百多間風情客棧，還有八百平方米面積的景觀草坪，以及全國首創的室內情景劇場——女兒城大劇院，以視聽盛宴全方位展示著土家族女兒的似水柔情。恩施女兒城還建有省內最大的水上樂園，讓遊客們在你儂我儂的潑水快樂中釋放激情。

對恩施稍有了解的人都知道，恩施除了有深厚的土司文化以外，還有浪漫傳奇的「女兒會」文化之說。這個被稱作「東方情人節」的土家女兒會是土家族青年男女在追求自由婚姻過程中形成的以擇偶為內容的節日盛會，目前已沿襲三百多年。土家「女兒會」保存著古代巴人原始婚俗的遺風，其主要特徵是以歌為媒，自主擇偶。女兒會時，年輕姑娘通過對歌的形式尋找意中人，也有已婚婦女借此與舊情人約會，暢訴衷情。每當「女兒會」進行之時，青年女子便以節日盛裝隆重出席——將長的衣服穿在裡面，而短的穿在外面，一件比一件短，層層都能被人看見，把自己打扮成最漂亮的樣子，謂之「亮摺子」或「三滴水」，並佩戴上自己最好的金銀首飾。在每年農曆七月十二日這一天，未婚的青年男女就會早早地背著竹篾背簍到一個約定俗成的集市上去相會，買賣交換土特產是虛，談情說愛是實。雙方聊得投緣就到街外的叢林中去趕「女兒會」。這一傳統節日充分凸顯了土家族人浪漫熱情、自由奔放的民族性

格，在長期的歷史流變中已經積澱成土家族獨特的「女兒會」文化。恩施女兒城就是以「女兒會」文化為主題建設的民俗古鎮，「女兒會」也將永久落戶土家女兒城。

陽新闞家塘

闞家塘古民居位於湖北省黃石市陽新縣排市鎮下容村闞家塘組，是清朝乾隆年間李克瑞修建的李氏家族院落。這片院落坐落在山間的沖壟盆地上，灣中有東、南、北三股溪流如蛟龍繞過，村落宅居均靠北依山勢而建。從地形上來看，闞家塘古民居是典型的山間盆地式古村落。

李氏家族院落初建時只有百餘平方米，是獨一天井的聯五建築，後來李氏家族人丁興旺，加磚擴建，最終形成了分上中下三層，有三座大門、

陽新闞家塘

三十六個天井、一〇八間房屋的家族建築群落。李氏家宅長約一百米，寬約二十米，正面有三座大門，依建築中心左右排列開來。屋內依傍著淙淙泉水，一片煙霧繚繞，走進去，如踏入仙境一般。院落的正門上書寫著「盤谷清風」的字跡，寓意著李氏家族隱於山水之中而怡然自得的清靜生活。

李氏家族院落的格局可分祭堂、公屋、客堂、廚房和起居室五種。祭堂一般為家族人的禁地，平常不會入內。客堂則以木雕藻井、雕花木窗裝飾，甚為精緻。公屋是家族人的活動場所，遇事聚會和操辦家族大事均在這裡舉行。起居室所有房間都是按照同等規格的面積劃分，不分長幼輩分。李氏先祖李克瑞的五個兒子和後代，所使用的起居室面積都是均等的，由此可以看出李氏家族院落的格局既顯示著嚴格的封建禮教等級，也透露著儒家平等和睦的思想。

院落中防火、排水、採光系統的設計甚是獨具匠心。在青磚與木質結構中，橫向著的每五間房就有一道青磚防火牆直達建築頂端，一旦出現火災，可以借防火牆進行阻隔。這種防火技術即使在今天也仍然廣為使用。三十六個天井的配置是解決江南多雨問題的特有方式，各天井與正門暗溝相連，也包含著四水歸一、肥水不流外人田的小農經濟的思想。在採光手段上，院落朝外只留倒喇叭開孔，既起到防禦的功能，又能最大限度地採光、通風，而房間向內各木窗則一律使用精製木雕或木櫺裝飾，既賞心悅目，又增加了室內的明亮度。

闕家塘李氏家族院落，如碧玉一般隱落在青山綠水之中，即使三百餘年過去，歲月絲毫不減其魅力，反倒為其增添了幾分韻致。如今，她的魅力將飄得更遠！

第六節・宗教聖地

　　湖北省的民族成分相對複雜，宗教信仰也比較多樣，因此境內名山古寺眾多。其中佛教、道教源遠流長，在湖北省各地建有多座宗教活動場所，如佛教歸元寺、五祖寺、四祖寺，道教長春觀、紫霄宮等。這些宗教活動場所不僅寄託著信徒們的信仰，還蘊含著豐富的文化底蘊。

四祖寺

　　四祖寺，又有「幽居寺」「正覺寺」「雙峰寺」之稱，因其作為佛教禪宗四代祖師道信的道場而常被稱為「四祖寺」。它位於黃梅縣城西北十五公里的西山之中，創建於唐武德七年（624 年）。四祖寺曾是中國佛教寺院中規模最大、僧眾最多、香火最旺且聲譽最高的名剎之一，也是全國首批僧眾集體定居傳法、過團體生活並實行農禪雙修的典範寺院。

　　據相關史籍記載，四祖禪寺在唐宋時期盛極一時，整個古寺建築殿堂樓閣八百多間，僧侶達一千餘人。目前古寺主體建築有天王殿、大雄寶殿、地藏殿、祖師殿、觀音殿、方丈室等。除寺廟建築外，還有許多古蹟景觀，如一天門、二天門、花橋、碧玉流以及毗盧塔、魯班亭、傳法洞等三十餘處景觀。

　　四祖寺內生長有三棵古柏樹，其中兩棵龍柏樹（俗稱「倒插柏」），一棵雲柏樹（又稱「祥雲柏」）。雲柏樹枝盛葉茂，挺拔俊秀，相傳是四祖道信親手所栽，距今已有一千三百多年歷史。

黃梅四祖寺

　　祖師殿裡至今還保留著數件珍貴的歷史文物，其中兩件為清代青花瓷香爐，大的香爐左上方印有「大清同治十二年夏日」，右上方印有「姑塘鎮冰思信士弟子敬」，中間印有「西山教主祖師菩薩蓮座前」字樣；小的香爐左上方印有「光緒甲辰卅年仲秋」，右下方印有「鄧紹山敬酬」，中間印有「西山文昌君座前」字樣。另一件文物為木質金字匾額，金匾題有「惟楚真靈」四個大字，筆力蒼勁，古樸典雅，據傳為宋朝皇帝所題。

　　在古寺北邊的衣缽塔，是寺廟一大景觀。相傳，四祖道信大師晚年在此將衣缽傳給了他的得意弟子五祖弘忍大師，為紀念此事，特造此塔。

　　在衣缽塔附近是一座石亭，俗稱「魯班亭」，為寺廟三大奇景之一。六方形的亭身與傘形的亭頂都是「三實三空」，而且高高的剎柱不在亭頂的正中心，而是向東傾斜約十五釐米。在亭室中央六方形的須彌座上建有一座塔，造型奇特，豎置一幢禽蛋形狀的塔身，無縫、無棱、無層級、無塔剎，碩大完美，渾圓規整，在我國現存古塔類型中稱為「無縫

塔」。如此奇特的造型和亦亭亦塔的組合方式，在我國現存古塔中難有匹比。

五祖寺

　　五祖寺，原名「東山寺」和「東禪寺」，後世改稱為「五祖寺」，位於湖北省黃梅縣東十二公里的五祖鎮東山之上。五祖寺建於唐永徽五年（654年），是中國禪宗第五代祖師弘忍大師的道場，也是六祖慧能大師得法受衣鉢之聖地，被御賜為「天下祖庭」。

　　五祖寺的整個佛寺建築群，依山勢由上、中、下三部分組成，整體像古代宮殿建築，為中軸線平等布局，層次分明。寺院建築面積近五萬平

五祖寺晨暉｜何峰攝

方米，主要殿宇有麻城殿、聖母殿、千佛殿以及禪堂、寮房、客堂、戒堂等。其中有天王殿、大雄寶殿、毗盧殿和真身殿四大宮殿。天王殿和大雄寶殿雖為近年新修重建之殿宇，但保持了原有的古樸和氣勢，整個殿堂樓宇金碧輝煌，盤桓交錯，層層疊疊，古色古香。

天王殿是寺院的主要殿堂，坐北朝南。殿門上方刻有宋真宗賜封的「真慧禪寺」匾額，殿中供奉的是彌勒佛，後座新塑韋陀佛像，他手持降魔金剛寶杵，象徵秉公執法；東西兩旁塑有四大天王，分別執杵、琵琶、傘、蛇，身披鎧甲，目光炯炯，威武雄壯。天王殿後為大雄寶殿，大殿供奉的是釋迦牟尼佛、藥師佛和阿彌陀佛，三尊佛像形象魁梧，莊嚴肅穆。毗盧殿，據傳此殿是麻城信徒朝拜五祖後，從二百公里外的麻城挑來磚瓦修建而成，整體為硬山式建築，四面磚牆均為重檐，外形如牌樓，上塑飛禽走獸等圖案。真身殿是古寺僅存的清代磚木結構宮殿式建築，整個設計巧具匠心，造型巍峨雄偉，由前、中、後三部分連接而成，前部為左鐘亭、右鼓亭，中部為正殿。

五祖寺還有一處著名文物遺存即講經台，相傳是五祖弘忍及歷代住持僧人聚集於此講經說法的地方。講經台是用砂岩條石築成的，正面朝南，背連山脊，台西懸崖千丈，登上講台，視野瞬間開闊，猶如置身天境之中。當年五祖就是在這裡向一千多名僧人講經說法。雖然五祖大師的身影現在已經無從瞻仰，但那刻在講經台邊的「阿彌陀佛」卻像徵著信徒們拜佛悟禪的篤定之心。

玉泉寺

玉泉寺又名「谷山寺」，俗稱「佛爺寺」，位於湖北當陽玉泉山上，

東漢末年開始建造，是天台宗創始人智者大師的道場和天台宗的祖庭之一。玉泉寺曾與浙江天臺國清寺、山東長清靈嚴寺、江蘇南京棲霞寺並稱為「天下四絕」，被譽為「三楚名山」「荊楚叢林之冠」。

當陽玉泉寺

　　玉泉寺現存主要殿堂有彌勒殿、大雄寶殿、毗盧殿、韋馱殿、伽藍殿、千光堂、大悲閣、十方堂、藏經閣、文殊樓、傳燈樓、講經台、般舟堂和圓通閣等。寺內的隋代鐵鑊、唐代吳道子石刻觀音像、北宋鐵塔堪稱「玉泉三絕」。

　　大雄寶殿最為雄偉瑰麗，大殿為重簷歇山式結構，高二十二米，面闊九間（40 米），進深七間（28 米），兩側走廊內套封邊牆。整座建築由七十二根金絲楠木大立柱支承，立柱直徑二點二米，結構嚴謹，技藝精湛，是湖北省現存最大、最古老的木結構建築。殿側有唐代著名宮廷畫家吳道子所畫石刻觀音像，莊重肅穆，線條流暢。

　　玉泉鐵塔，本名「佛牙舍利塔」，俗稱「棱金鐵塔」「千佛塔」，始建於北宋嘉祐六年（1061 年）。鐵塔由地宮、塔基、塔身、塔剎四部分組成。地宮是石質的六角形豎井，內置漢白玉須彌座，座上置石函三重，函中供奉舍利。塔基、塔身均為生鐵鑄造，塔基須彌座八面鑄有鐵圍山、大海、八仙過海、二龍戲珠及石榴花飾紋，座八隅各鑄頂塔力士一尊，力士全身甲冑，腳踏千山，看起來雄壯威武。塔身平座上鑄有單鉤

闌，塔身各作四門，兩兩相對，隔層交錯。塔身上刻有銘文一三九七字，記載了塔名、塔重、鑄建年代、工匠和功德主姓名及有關信息，還鑄有佛像二二七九尊，儼然一幅鐵鑄佛國世界圖。塔剎為銅質，形似寶葫蘆鐵塔。玉泉鐵塔是我國現存最高、最重、最完整的一座鐵塔，它對研究中國古代冶金鑄造、金屬防腐、營造法式、建築力學、鑄雕藝術以及佛教發展史都具有十分重要的價值。

隨州大慈恩寺

隨州大慈恩寺坐落於大洪山主峰寶珠峰頂，寺廟始建於唐朝寶歷年間，是禪宗六祖慧能一系曹洞宗的發祥地之一，其佛教文化底蘊深厚，聲譽甚廣，是中國佛教歷史上著名的佛教叢林。

大慈恩寺原建有寶珠峰上院（金頂）、九龍湖下院（大洪山禪院），

鳥瞰大慈恩寺金頂｜陳勇、趙融 攝

建築宏偉，香火鼎盛。後歷經千年滄桑，屢遭戰火災患，屢毀屢建，直到抗日戰爭時期被完全損毀。

二〇〇九年，佛門泰斗本煥長老為報受戒寺院之恩，率衣鉢弟子印順大和尚，攜十方檀越發大願，在寶珠峰頂重建古寺。二〇一一年底，寺院一期建設工程完成，慈恩寺金頂及大悲閣重建開光。整個建築群依山而建，坐北朝南，呈「十」字形展開。金頂、瓦柱、門窗、四壁皆為黃銅鑄造，高十五點九米。

慈恩寺金頂在基礎施工發掘的廟宇遺存中，發掘有一百多件石刻石雕藝術品，大部分不同程度殘損，小部分完好。這些石刻石雕，主要為建築物構件、飾品，如石門框、石門檻、石門楣、門飾、柱礎、牌匾、碑刻，還有廟匾、門聯、拴馬石，從中可以尋見各個時代的建築風格和裝飾特色。其中最難得的是一對雕工精細的青石門聯，刻著「漢東地闊無雙院，楚北天空第一峰」的聯語，證實了古人對大洪山和大洪山廟宇的讚譽。

二〇一二年二月，在大慈恩寺二期工程開工過程中，開挖大雄寶殿地基時，在其附近發現了一座近二百平方米的長方形古建築，由齊整的矩形條石呈東西方位壘砌。經專家斷定，此地為大洪山唐宋時期寶珠峰洪山寺古蓮花池遺址。此古蓮花池遺址位置正處古洪山寺和在建的慈恩寺的正中心位置，即現在的大雄寶殿之下。為保存古蓮花池遺址原貌，大洪山景區更改了大雄寶殿的設計方案，擬建地宮。慈恩寺地宮除保存了古蓮花池原貌外，還陳列出土的各朝部分代表性文物，供奉有本煥長老的舍利函以及本煥長老生前所使用的禪杖、錫杖等法器，同時在西面牆壁鐫刻《大洪山十大高僧弘法圖》巨幅石雕壁畫。

登臨寶珠峰慈恩寺，在感受寺廟建築群中青燈古佛的優美意境之時，還可以參觀地宮，穿越千年，欣賞大洪山佛教文化的燦爛瑰寶。

寶通寺

寶通寺位於武昌區洪山南麓，被稱為「三楚第一佛地」，為武漢市佛教「四大叢林」之一。寶通寺歷來是皇家寺院，曾得到十位皇帝和六位王侯的大力護持。一九八三年寶通寺被國務院確定為漢族地區佛教全國重點寺院，一九九二年被列為湖北省文物保護單位。

寶通寺歷史悠久，飽經滄桑。寺院始建於南朝劉宋時期，至今已逾一千六百年，是武漢現存最古老的寺廟。它初名「東山寺」，唐貞觀年間改名為「彌陀寺」，南宋端平年間易名為「崇寧萬壽禪寺」，明朝成化年間正式改名為「寶通禪寺」，民間習慣將其簡稱為「寶通寺」。歷史上的寶通寺屢遭戰火又屢次重建，如今寺內建築大多是清末保存下來的。

寶通寺建築風格別緻，氣勢宏偉。進入寶通寺山門，可見古木蒼翠，樓閣錯落，放生池、聖僧橋、接引殿等依山而建，東西廳、大雄寶殿、祖師殿層疊有致，禪堂、佛學院古樸幽靜，寺廟布局嚴謹有序，錯落而不鬆散，體現出皇家寺院的莊嚴與氣派。

寶通寺文物薈萃，古蹟繁多。寺內有傳為岳飛親手栽植的岳飛松，周邊有宋朝古鐘、明朝石獅以及清朝的藏經等佛教文物珍品，更有洪山寶塔、華嚴洞、白龍泉等勝蹟，亭台、奇石點綴其間，花繁林茂，曲徑通幽，可謂移步換景，讓人流連忘返。一九九四年，武昌佛學院在寶通禪寺復辦，這裡成為重要的僧伽教育基地之一。

寶通寺的故事動人而富有內涵。傳說唐朝寶曆二年（826年），洪州（今江西南昌）開元寺善慶大師雲遊到隨州大洪山修建了靈峰寺。善慶大師圓寂前，為祈雨救護莊稼，毅然割下雙足留於寺內，意為升天以後仍要為鄉人利益奔走，這雙「佛足」便成為靈峰寺的鎮寺之寶。南宋理宗端平年間，荊湖制置使孟珙為了防範金兵南侵，便將

寶通寺

「佛足」遷至武昌東山，改「東山」之名為「洪山」。一二五九年，忽必烈南征武昌時，取「佛足」隨軍以鼓舞士氣。忽必烈登上皇位後，又將「佛足」奉還洪山。戰亂使「佛足」四處遷徙，客觀上促使隨州、武昌各有一座洪山，成就了中國人文地理上的一段佳話。

如今的寶通寺，不僅是佛教聖地，也是著名旅遊景點，到寶通寺上香、拜佛、唸經、祈福、吃素菜，成為很多市民緩解壓力、修身養性的一種生活方式。

歸元寺

歸元寺位於武漢市漢陽區，建於清順治年間，是湖北省武漢市的一座著名佛教曹洞宗寺院，為武漢佛教「四大叢林」之首。歸元寺之名取《楞嚴經》「歸元性不二，方便有多門」之語意，表達佛法相同，但修行的方法各有不同之意。

歸元禪寺建築緊湊合理，寺院坐西朝東，寺內分前、後兩區，前區（老區）由北院、中院和南院三個各具特色的庭院組成，擁有藏經閣、大雄寶殿和羅漢堂三組主體建築群。

北院的主要建築是藏經樓，裡面藏有許多

武漢歸元寺

佛教文物，除藏經外，還有佛像、法物、石雕、書畫碑帖及外文典籍，是國內收藏佛像較多的一個佛寺。其中收藏的兩件珍品堪稱舉世無雙，一件是由《金剛經》和《心經》原文共五四二四個字組成、在長寬不超過六吋的紙上書寫的「佛」字，每字僅芝麻大小，卻清秀脫俗。另一件是武昌僧人妙榮和尚刺血調和金粉抄成的《華嚴經》和《法華經》。

中院的主體建築是大雄寶殿。大殿正中供奉著釋迦牟尼坐像，兩側為其弟子阿難和迦葉像。佛像的後背是用樟木雕刻的「五龍捧聖」圖案。佛像前還有韋馱、彌勒、地藏像。

南院的主體建築是羅漢堂。民間有句諺語：「上有寶光（成都），下有西園（蘇州），北有碧雲（北京），中有歸元（武漢）。」也就是說上述的四個寺院的羅漢堂具有典型代表性，代表著佛教塑像的最高水平。歸元寺的羅漢堂由黃陂的王代父子歷經九年精心刻成。整個羅漢堂布局呈「田」字形，分成四個小天井，羅漢依「田」字排列，這樣殿堂裡儘管安

放了五百尊尊者塑像，卻沒有任何擁擠之感。游羅漢堂之時必不可少的就是「數羅漢」了，據說遊客隨便從一尊羅漢開始數起，按照自己的年齡數完相應的羅漢數，最後的羅漢即代表其當年的運氣。歸元寺圖書館是全國首家由寺院完全發起、信眾共建、並向社會公眾開放的現代化佛教主題圖書館。藏書前期以佛學書籍為主，逐漸增加其他門類書籍，最終達到藏書二十萬冊，佛教書籍占百分之四十，其他類書籍占百分之六十。

歸元禪寺，是「寺在山下，藏於林中」和「百尺茂林，千竿修竹，紅分日剎，綠繞云房」的別緻寺院，也是善男信女們的精神道場。

長春觀

長春觀位於武昌大東門東北雙峰山南坡，黃鵠山（蛇山）中部，是我國道教著名的十方叢林之一，為歷代道教活動場所，被譽為「江南一大福地」。觀內崇奉道教全真派，以其創始人重陽祖師門人邱處機道號「長春子」命名。

長春觀有聞名於世的「三絕」，分別是全國唯一一塊留存的「天文圖」碑、別具特色的藏族風格及歐式風格的建築以及乾隆帝御賜的「甘棠」石刻。在新中國成立初期，全國曾留有三塊「天文圖」碑，為道教天文學家所留，上刻有「諭旨」二字。如今僅留長春觀一塊全圖碑，乃為一絕，是極其珍貴的天文學文物。

兼具藏族風格及歐式風格的建築也是長春觀的重要特色。一是因為清末助建長春觀的欽差大臣是滿族人，崇信藏傳佛教，因此所用的工匠也

武漢長春觀

都受其影響，將藏族吉祥物大象及藏紅花圖案裝飾在殿堂內。二是因為清末長春觀的住持侯永德原是左宗棠手下的一員將官，後出家為道人，在長春觀時受到西方思潮的影響，將歐式風格和中式風格相結合，並且主持建成全國絕無僅有的以歐式風格為主體的道教建築——道藏閣，其屋簷上用水泥「堆塑」而成的傳統花飾堪為一絕，但今天這種工藝已無人掌握。

另外一絕就是位於道藏閣前的乾隆親書石刻的「甘棠」二字，此二字也是在道教建築中為數不多的帝王題詞，亦稱為一絕。

今天的長春觀隱於鬧市，不僅是道教徒修身布道的著名活動場所，也是現代都市一景。穿梭其中，猶如穿越時空，歷史與現代文明輾轉交錯。

老祖寺

老祖寺，古名「紫雲山寺」，位於黃梅縣北部紫雲山蓮花峰下。老祖寺周圍群峰聳立，危岩參天，雲霧繚繞，風光綺麗，乃不可多得之人間仙境、避暑勝地，因而有「紫雲佛國」之美譽。

據史料記載，老祖寺乃東晉太和年間，由印度來華高僧千歲寶掌禪師開山創建。寶掌禪師自周威烈王十二年（西元前414年）丁卯降世至唐高宗顯慶二年（657年）示寂，住世一〇七二歲，人稱「佛門第一壽星」。據傳寶掌禪師比禪宗初祖達摩來中國還早三百餘年，當其行化紫雲之時，恰值禪宗四祖道信、五祖弘忍住持破額、馮茂二山，因其年高臘長，人皆稱之為「老祖」，尊其所創伽藍為「老祖寺」。

老祖寺自寶掌禪師開山以來，歷代高僧輩出，興盛時曾多達六百多名僧人常住。相傳寶掌和尚圓寂百年後，六祖慧能的三傳徒孫天王道悟卓錫登臨紫雲，擴建寺院，緣得烏沙潭龍王力助，糧、木俱全，因此老祖寺前至今還有「出米池」「出木池」等神話傳說遺址。宋、元、明三代，有靜川、道安、香村等高僧大德繼席於老祖寺，清有順治皇帝賜封為圓照國師的慧恩法師住山持戒，一時四海僧侶雲集，佛殿依山疊起，廣二百餘間，常住僧尼百餘，香火旺盛，萬方尊仰。明朝時期，兵部尚書汪可受於此建挪步園山莊，老祖寺

黃梅老祖寺

因而併入有「小廬山」之稱的挪步園風景區。老祖寺景區目前有蓮花橋、講經台、菩薩洞、紫雲霽雪、紫雲瀑布、龍溪潭等二十八處名勝景點。

「好山好水佛門占」，老祖寺亦是如此。老祖寺所處的紫雲山蓮花峰，狀若蓮瓣相聚，故以蓮花取名。其下有盆地，老祖寺坐落其間，恰如蓮心吐蕊，花瓣托心。

鄂州西山清泉寺

鄂州西山清泉寺，即古靈泉寺，位於鄂州西山的青龍、白虎二山之間，是中國佛教「淨土宗」的發源地。古靈泉寺原是東晉高僧慧遠所建，寺中有泉水從崖穴間流出，又因迎文殊菩薩像供奉於此，盛傳泉中有靈光呈現，故稱此泉為「菩薩泉」「靈泉」，西山寺亦因此得名為「古靈泉寺」。

古靈泉寺最初是建在原吳王避暑宮的基礎之上，整座寺院面積為四千七百平方米，是西山上的主體建築。在建寺後的一千七百餘年中，寺名幾經更迭，三國時名為「圓通閣」，南北朝稱作「積翠山房」，隋名為「西山寺」，宋元中稱「靈泉寺」，明代稱「資福寺」，清代改為「古靈泉寺」，一直沿襲至今。關於古靈泉寺的建立，還有一段動人的故事。相傳晉代陶侃由武昌（今鄂州）太守陞遷為廣州刺史，差人從海中撈得文殊師利金佛像，便送往西山寒溪寺中供奉。後陶侃轉遷任江州刺史，便想把金佛也一起運到潯陽去，不料人力搬移不動，只好仍留在西山寒溪寺。後來，文殊菩薩託夢給當時的佛教領袖慧遠高僧，說武昌西山為清涼福地，是「清淨樂土」。慧遠就在吳王孫權避暑宮故墟卓錫，修建靈泉寺，開創「淨土法門」。

西山古靈泉寺｜王性放攝

　　目前西山清泉寺中有一堂（文殊師利堂）、三泉（滴滴泉、涵息泉、活水泉）、六殿（天王殿、拜殿、大雄寶殿、觀音殿、武聖殿、唸佛殿）。

　　寺內殿堂全是磚木結構，蓮花斗栱支架，重檐飛閣，紅椽碧瓦，工藝精巧，氣勢宏偉。殿中佛像，姿態各異，栩栩如生。寺內的菩薩泉清澈而甘甜，濃郁醇厚，寺內眾僧都以此泉水和麵，製成的東坡餅香甜黃脆，入口即融，是湖北一大特產。

　　西山清泉寺見證歷史的興衰榮辱，本身也歷經幾度興廢，但是其香火千年不曾斷絕。

新洲報恩禪寺

報恩禪寺位於新洲區道觀河風景旅遊區，青龍山南麓、道觀河水庫北岸，占地面積一三四畝，建築面積約二萬平方米。

報恩禪寺之名取自《大乘本生心地觀經》《大方便佛報恩經》中的「報國土恩、三寶恩、父母恩、眾生恩」。禪寺始

新洲報恩禪寺

建於南朝梁代梁武帝蕭衍天監年間，宋朝宣和年間更名為「神霄宮」，後又復改為「報恩寺」，由丞相李綱書寺名匾額。為萬人唾罵的南宋奸臣秦檜之兄秦梓曾在寺院之側隱居，報恩寺因此亦有「秦公寺」之稱。秦梓長子秦育曾作《報恩禪寺碑記》，但已散失。報恩寺自始建之日至今已走過約一千五百年的風風雨雨，儘管多次遭到破壞，但仍屹立至今。

報恩禪寺於一九九二年重建，一九九四年十月二十日落成開光。全寺由山門、天王殿、大雄寶殿、鐘樓、鼓樓、觀音殿、玉佛殿、法堂、齋堂等組成。整個寺院莊嚴肅穆，雄偉壯觀。山門、天王殿、大雄寶殿、法堂、藏經樓處於同一軸線，在落差數十米的山坡上依山而建，梯次而上，蔚為壯觀。禪寺內佛像法相莊嚴，均為泥塑鍍金，各大殿佛像鍍金所用黃金總重達二十公斤。臥佛殿內供奉了一尊釋迦牟尼玉石臥像，由整塊漢白玉石雕成，法像逼真、安詳，靜臥於高榻之上。法像長五點七米、高一點五米、重九點七噸，為楚天第一漢白玉石臥佛。大雄寶殿內，諸佛及眾菩薩法相莊嚴，或坐或立，或參禪，或說法，造型各異，栩栩如生，堪稱楚天第一大殿。

第七節・革命勝跡

近代以來，湖北是擁有眾多榮光的革命重鎮。辛亥革命在武昌打響第一槍，武昌軍政府舊址如今成了辛亥革命紀念館。大革命時期，國民政府從廣州遷到武漢，武漢成為全國革命的中心，「八七」會議舊址似乎仍在向後世訴說當年的故事。著名革命老區紅安被譽為「中國第一將軍縣」，培養了不少錚錚鐵骨的將士。眾多紅色記憶遍布湖北，拜訪這些革命舊址，瞻仰革命烈士，鄭重地敬上一個禮，心中謹記：緬懷先烈，銘記歷史。

辛亥革命武昌起義軍政府舊址

辛亥革命武昌起義軍政府舊址現為辛亥革命紀念館，位於湖北省武漢市武昌蛇山南麓的閱馬場北端。舊址現保存完好，因主體建築為紅磚砌牆、紅瓦覆頂的紅色兩層樓房，因此又被稱為「紅樓」。

紅樓原是清政府於宣統元年（1909 年）所建的湖北省諮議局大樓，此樓一九〇八年開始籌建，一九一〇年落成，建築面積達六千餘平方米。一九一一年十月十日，武昌起義的一聲槍響揭開了辛亥革命的序幕。起義取得成功後，革命黨人在這裡設立了湖北軍政府，後改為鄂軍都督府，並頒布第一號公告，宣告廢除清朝宣統年號，封建帝制從此結束，清王朝被推翻，紅樓因此也被譽為「共和之門」。

紅樓主體建築為兩層磚混結構的西式洋樓，坐北朝南。它採用的是近代資本主義國家的行政大廈和會堂的建築形式，大樓平面呈「山」字形，

前方及兩翼是門廳和辦公室，後方則布置有會堂，門廊異常突出，屋頂則有圭形鐘樓。大樓後方也是一座兩層樓房，兩側各有一排紅色平房。紅樓舊址面對著閱馬場，院門外正前方立有孫中山銅像，儀表莊嚴祥和。

　　一九八一年，在辛亥革命七十週年之際，紅樓建立起了辛亥革命紀念館，復原了軍政府大門、軍政府會堂、黎元洪起居室和會客室以及孫中山駐鄂會客室、黃興召開軍事會議的會議室和宋教仁起草《中華民國鄂州臨時約法草案》的軍政府秘書處等歷史遺跡，生動地再現了當年的真實場景。同時館內也保存、陳列了有關武昌起義的大量歷史資料和革命文物。

　　辛亥革命武昌起義軍政府舊址作為帝制覆滅和共和制建立的歷史見

辛亥革命紀念館

證，具有十分重要的文物價值。

「八七」會議會址

　　「八七」會議會址位於武漢市漢口鄱陽街一三九號，一九七八年被闢為「八七」會議會址紀念館，依託舊址而建。一九八二年它被國務院公布為第二批全國重點文物保護單位，二〇〇〇年被團中央命名為「全國青少年教育基地」，同時也是全國愛國主義教育示範基地，二〇〇四年被國務院列為「全國百家紅色旅遊經典景區」。

　　「八七」會議會址是一棟三層結構的西式洋樓，建於一九二〇年，占

「八七」會議會址

地約二百平方米，建築面積五百多平方米。一樓原是外商開辦的商店，二、三樓為住房。國民革命軍北伐占領武漢後，二樓設成蘇聯援華農業顧問洛卓莫夫的住處，「八七」會議就是在洛卓莫夫的住房內召開。

目前「八七」會議會址保存完好，進行過兩次修繕，並於一九七八年建成「八七」會址紀念館，「八七會議會址」的門匾就是鄧小平參觀紀念館時寫下的。現館內一樓舉辦有《八七會議歷史陳列》，輔助陳列分為三個部分，即「風雲突變」「重大轉折」「星火燎原」，展出的文物和珍貴歷史資料，再現了「八七」會議的歷史。二樓的原狀陳列，復原了「八七」會議會場，通過簡單而樸實的陳設展示當年開會的歷史實況。另外還闢有臨時展廳，以舉辦反映黨史和祖國建設成就等方面的展覽為主。

中央農民運動講習所舊址

中央農民運動講習所坐落在武昌紅巷十三號，全稱為「國民黨中央農民講習所」。它是第一次國共合作時期，在中共推動下，由國共兩黨共同創辦的一所培養農民運動幹部的學校。農講所是以訓練能領導農村革命的人才為培養目標，由毛澤東實際主持工作的場所。許多著名的共產黨人、國民黨左派和知名人士如瞿秋白、李立三、惲代英、彭湃、方志敏、陳蔭林、余樹德、李漢俊、何翼人、李達等都曾在這裡任教。

農講所從一九二六年底開始籌備，一九二七年三月七日正式上課，四月四日舉行開學典禮，學生來自全國十七個省，共八百餘人。惲代英、瞿秋白、彭湃、方志敏、李漢俊、李達等分別講授主要課程。毛澤東親自擔任《農民問題》和《農村教育》等主要課程的教學工作，並作了著

名的《湖南農民運動考察報告》的專題報告。一九二七年六月十八日，農講所舉行畢業典禮。大多數的畢業生被委任為農民協會特派員，成為領導農民運動的骨幹。大革命失敗後，許多師生參加和領導各地的武裝起義，為革命事業作出了不朽的貢獻。

　　農講所舊址建於一九〇四年，這裡原是清末湖廣總督張之洞舉辦的北路學堂，民國時期改為湖北高級商業學校，學校占地面積約一萬二千平方米，建築面積為四千平方米，由四棟磚木結構的房屋組成，中間有一個大操場。一九五八年對舊址進行了修繕整理，並按當年原貌作復原陳列，籌建紀念館，由周恩來親筆題寫「毛澤東同志主辦的中央農民運動

農講所舊址

講習所舊址」匾額,懸掛於大門上。現展出的有常委辦公室、教務處、總隊部、大教室、大操場等復原陳列和反映農講所歷史的輔助陳列。

距農講所二百米遠的都府堤四十一號,是毛澤東主持農講所工作並在武漢從事革命活動時的舊居,其夫人楊開慧及三個兒子皆於此與他同住。毛澤東就是在這裡完成了他的經典著作《湖南農民運動考察報告》。

紅安革命烈士陵園

紅安革命烈士陵園位於湖北省紅安縣縣城陵園大道邊的稞子山上。陵園主要紀念建築物有「一碑兩場兩園五館」,即黃麻起義和鄂豫皖蘇區革命烈士紀念碑,紀念碑廣場、歷史紀念館下沉廣場,將軍墓園、老紅軍墓園,黃麻起義和鄂

紅安革命烈士陵園

豫皖蘇區革命歷史紀念館、黃麻起義和鄂豫皖蘇區革命烈士紀念館、董必武紀念館、李先念紀念館、紅安將軍館。

走進陵園大門,首先映入眼簾的是高大雄偉的革命紀念碑。碑座上鑴刻著葉劍英、徐向前、李先念等人的題詞,正面塑有五星碑徽,台座正中為漢白玉雕成的花環,左右分嵌有再現黃麻起義和蘇區軍民堅持武裝鬥爭、保衛蘇維埃政權場景的浮雕。

董必武紀念館由徐向前元帥題寫館名。館內展覽主要介紹董必武的光輝履歷和革命經歷,通過七四〇餘件珍貴照片、字畫、硅膠像等,生動

形象地再現了董老光輝戰鬥的一生，以及他為中國革命和社會主義建設事業作出的重大貢獻。

李先念紀念館，由陳雲題寫館名，與董必武紀念館呈對稱式布局。原黨和國家領導人江澤民、李鵬、喬石、李瑞環都曾為紀念館題詞。紀念館由序廳和四個陳列室、文物庫房、李主席辦公室復原陳列幾個部分組成。它們以「從木匠到將軍」「從深入敵後到經略中原」「從領導湖北到為國理財」「黨和國家卓越的領導人」四個單元展示了李先念集平凡和非凡、樸實和傳奇於一身的個人風采。

紀念館位於烈士陵園的中心位置，其建築風格既有著中國古典園林的韻致，又有現代建築的簡約，是陵園內外最雄偉壯觀的標誌性建築，也是陵園一碑五館中的亮點。歷史紀念館展出文物六四五件、照片七六六張、藝術品三十三件（組），以序廳大型雕塑《大別雄風》開篇，以尾廳《將軍搖籃》結束，將整個展覽推向高潮，是歷史的重要見證。

紅安烈士陵園是淨化心靈、提升人格的聖地，也是廣大黨員幹部學習黨的歷史、加強黨性鍛鍊的場所，更是廣大青少年認真學習革命的優良傳統、堅定民族信念的重要課堂。

紅安七里坪鎮

紅安七里坪鎮位於河南和湖北邊際的大別山南麓，黃麻起義最早於此策劃，紅四方面軍於此孕育和誕生，同時這裡也是全國僅次於井岡山的第二大根據地，鄂豫皖革命根據地的中心，曾被命名為「列寧市」。作為中國革命的重要見證者，這裡的革命遺址十分豐富，而革命文物最為集

中的地方就是長勝街。作為七里坪鎮的一條主街,長勝街原名「正街」,也曾被命名為「楊殷街」,全長六五〇米,街內由北向南依次保留有光浩門遺址、七里坪工會、鄭位三故居、蘇維埃銀行、紅軍飯堂、經濟公社、中西藥局、紅四方面軍指揮部、列寧市楊殷街舊址、革命法庭等十八處革命遺址。一九三〇年,鑒於鄂豫皖地區革命運動不斷高漲,黨中央為了指導革命順利發展,委派曾中生以中央特派員的身分來鄂豫皖蘇區,在七里坪主持召開緊急會議,並決定成立平漢特區行動委員會、中共鄂豫皖邊特委。後經過慎重考慮,革命者將七里坪命名為「列寧市」,把長勝街命名為「楊殷街」。並在長勝街四十八號建設鄂豫皖特區蘇維埃銀行;在長勝街四十九號設立中西藥局,為紅軍醫院供應藥品;在長勝街五十二至五十四號創辦鄂豫皖特區第一個蘇維埃經濟公社,為農民提

紅安七里坪鎮

供種子、農具等生產用品；在長勝街二十九號設立飯堂合作社，並在河街創辦鄂豫皖蘇維埃小學，當時命名為「列寧小學」。

中華人民共和國成立初期，由於建設需要，長勝街南北城門樓已拆除，居民建房也改變了原來的模樣。改革開放以來，長勝街的文物保護工作逐漸提上日程，並成立了「七里坪文物管理所」，南北城門樓的修復工作也得以展開，此地原有的面貌得以逐漸重現。如今的長勝街已經成為集革命文物展示、革命傳統教育、紅色旅遊觀光於一體的絕佳去處。

七里坪鎮除了革命老街長勝街以外，還有著名的天台山國家森林公園、香山湖、雙城塔等主要景點。

漫步七里坪鎮，可以看見革命年代的眾多遺跡。這些靜靜排列著的革命遺跡，見證了歲月的滄桑，展示著革命戰士們的愛國壯舉。

瞿家灣

瞿家灣地處荊州市洪湖西部，是有著重要紀念意義的革命舊址群。第二次國內革命戰爭時期，洪湖是湘鄂西革命根據地的中心，瞿家灣就是湘鄂西蘇區首府所在地。如今，瞿家灣湘鄂西革命根據地舊址已被列入國家文物重點保護單位，同時還是全國優秀愛國主義教育基地和湖北省國防教育基地。

一九二七至一九三四年，以賀龍、周逸群、段德昌為代表的革命先驅，在中國共產黨的領導下，堅持武裝割據，浴血奮戰，創建了以洪湖蘇區為中心的湘鄂西革命根據地。鼎盛時期，湘鄂西革命根據地曾覆蓋

洪湖瞿家灣

五十八個縣市，擁有兩萬正規紅軍和近五萬地方武裝，是第二次國內革命戰爭時期割據範圍最大的三塊紅色根據地之一。它為積蓄和發展革命力量，並最終奪取全國勝利作出了重大貢獻。毛澤東曾對該地區作出高度的評價：「紅軍時代的洪湖游擊戰爭支持了數年之久，都是河湖港汊地帶能夠發展游擊戰爭並建立根據地的證據。」

　　瞿家灣湘鄂西革命根據地舊址集中在紅軍街（明清老街）和沿河路街道南北兩邊，共有現代重要歷史遺跡及代表性建築三十九處。中共中央湘西分局坐落在瞿家灣紅軍街南側東段。中共湘鄂西特委、湘鄂西省蘇維埃政府、湘鄂西蘇維埃聯縣政府、洪湖獨立團（新六軍）舊址，坐落

在瞿家灣紅軍街南側西段，原為瞿氏宗祠，現為湘鄂西瞿家灣革命紀念館，王震曾親筆題寫館名「洪湖瞿家灣革命紀念館」。湘鄂西省革命軍事委員會、湘鄂西省郵局二機關舊址，坐落在瞿家灣紅軍街北側東段，現為洪湖革命歷史博物館瞿家灣分館陳列室。以上所述的遺址古建築多為清末民初民居建築，穿斗式土木結構，單簷硬山，灰牆玄瓦，裝飾精美，具有獨有的古樸韻味，保持著明清風格，故紅軍街又被稱為「明清老街」。

宣化店

宣化店原名「仙花店」，位於河南、湖北交界地帶的大悟縣。這裡水陸交通便利，扼南北交通之咽喉，自古以來都是兵家必爭的戰略要地。

宣化店紀念館

在抗日戰爭時期，宣化店享有「中原地區小延安」的美譽，是著名革命老區和歷史文化名鎮。

這裡在革命時期經受了多次戰爭的洗禮，曾經發生過多次革命戰爭和革命活動。一九二五年，中國共產黨領導人鄭新民曾在此進行祕密的革命活動；一九二六年建立起羅南第一個黨支部；一九二八年八月，爆發「宣化店起義」，建立了羅山縣革命委員會；一九三○年十月，羅山縣蘇維埃政府在此成立。一九四六年一月，中原局、中原軍區、中原解放區行政公署移駐於此；三月，董必武代表中共中央來此慰問中原軍民；五月，周恩來偕同美蔣代表前來視察，並進行了舉世聞名的「宣化店談判」；六月二十六日，中原解放軍於此進行名聞天下的「中原突圍」，打響全國解放戰爭的第一槍。一九四九年四月，禮山縣（今大悟縣）愛國民主政府在此地誕生。

作為湖北省省級革命文物重點保護單位，宣化店保留有大量革命舊址。中原軍區司令部舊址位於宣化店街南端，為全國重點文物保護單位，是一棟三進三間的舊式建築，原為宣化店商會公寓。一九七八年闢有中原軍區革命鬥爭史陳列室。

宣化店談判舊址位於竹竿河西岸，為原「湖北會館」。該館建於清道光元年（1821 年），坐北朝南，二進五間，左右廂房三間，門窗均套格雕花，工藝精細，古色古香。一九四六年，周恩來與李先念曾在這裡與美蔣代表進行談判，商討和平問題。其後，蔣介石撕破和平外衣而悍然向解放軍發動猛烈的進攻，中原部隊在這裡展開「中原突圍」戰役。宣化店談判舊址廳內陳列有當時三方談判代表的席位及有關圖片和文字資料；

廂房內原樣保存著周恩來曾睡過的門板及辦公用過的桌、椅、油燈等文物。除此之外，景區周邊還有九女潭、金山寺、八字溝古民居群、宣化水庫、五嶽山森林公園等別具特色的生態旅遊景點。

中共五大會址紀念館

中共五大會址紀念館位於武昌都府堤二十號的中華路小學潭秋校區，其前身為國立武昌高等師範學校附小，是全國重點文物保護單位。紀念館內有七幢融合西式風格的學宮式建築，建設規模是國內黨代會紀念館之最。

中共五大會址紀念館

中共五大於一九二七年四月二十七日至五月九日在這裡召開，出席大會的代表有陳獨秀、瞿秋白、蔡和森、李維漢、毛澤東、張國燾、李立三等八十二人，代表全國五七九六七名黨員。共產國際代表羅易、鮑羅廷、維經斯基等也出席了大會。同年五月，中國共產主義青年團四大亦在此召開。中共五大會址紀念館二〇〇六年開始籌建，二〇〇七年十一月建成開放。

紀念館占地面積為七千九百平方米，七幢建築物呈「回」字形，均為磚木結構，中共五大開幕式會場已按照原貌進行復原。紀念館內，除了一幢兩層建築樓被用作「五大會議歷史陳列」外，還專門開設有「中國共產黨反腐倡廉歷程展」。該展覽面積近六百平方米，收錄了四百多幅珍貴圖片以及三十多件實物。

中共五大會址紀念館現有中共五大開幕式會場，陳潭秋夫婦臥室，陳潭秋任教、伍修權上課的教室，武昌第一小學傳達室和古井五個復原陳列，以及「中共五大歷史陳列」「陳潭秋在武漢」「武漢走出的革命家、軍事家、外交家——伍修權」「中國共產黨反腐倡廉歷程展」四個基本陳列。「中共五大歷史陳列」通過了中央黨史研究室的審查批准，展覽由「高潮與危機」「貢獻與侷限」「應變與轉折」三大展區組成。展覽除豐富的文物和歷史照片外，還藉助電子翻書、幻影成像、人物蠟像等多種先進的科技、藝術手段，生動而真實地再現了中共五大召開的歷史背景、會議經過和影響，陳列體現了黨史界對中共五大研究的最新理論成果，受到中央黨史研究室領導和專家的高度評價。

中共五大會址紀念館與同條街上的農講所舊址、毛澤東舊居這兩處全國重點文物保護單位互相映襯，形成了一片別具特色的「紅色景區」。

隨州新四軍第五師舊址群

　　新四軍第五師舊址群位於湖北省隨州市曾都區洛陽鎮，遺址群包括九口堰新四軍第五師司令部、政治部舊址，以及附近的抗大十分校、兵工廠、被服廠、醫院、邊區建設銀行、《挺進》報社編輯部、報社印刷廠、十三旅部、隨南縣委等革命舊址，為湖北省級文物保護單位。

　　一九三九年一月，李先念率領鄂豫挺進縱隊進入隨州地區，開闢白兆山根據地，十二月在曾都區洛陽鎮九口堰建立師部。一九八四年十月，國家主席李先念親筆書寫了「國民革命軍陸軍新四軍第五師司令部、政

隨州新四軍舊址

治部舊址」。一九八五年，九口堰紀念館正式建成，每年有逾萬名觀眾到此接受優良傳統教育。一九九二年十二月十六日，湖北省人民政府批准九口堰紀念館為省級重點文物保護單位。

一九三九年一月至一九四二年六月，李先念、陳少敏、任質斌、劉少卿等老一輩革命家率領新四軍鄂豫挺進縱隊在此浴血奮戰長達三年之久，創建了白兆山抗日根據地。這個時期，正是該師創立、組建、發展、壯大的重要時期。皖南事變後，一九四一年四月五日，李先念率新四軍第五師全體官兵在九口堰向全國通電就職。新五師司令部、政治部設在孫家大院，以孫家大院為中心，師直機關、抗大十分校、《挺進》報社、邊區建設銀行、戰地醫院、兵工廠等分布在九口堰村。

九口堰紀念館是以新四軍第五師司令部、政治部舊址為基礎而建的，共有房屋五十六間，三進兩院落。舊址始建於清雍正十一年（1733年），是一處保存完整的明清時期的古民居。抗日戰爭時期，該館是我黨在鄂豫邊區的指揮中樞，在新四軍第五師抗戰史上占有十分重要的地位。二〇〇五年，為紀念抗日戰爭勝利七十週年，紀念館進行改擴建，並徵集到一批珍貴的歷史圖片和實物。如今，這裡展出照片、圖表、油畫等共計二三〇多幅。同時，擴建時還修建了廣場，廣場前樹立了李先念銅像，重建了革命烈士紀念碑，重新整理了新五師革命舊址文史資料，使陳列展覽具有更強的吸引力和感染力。

聽到習家池三字是在「文革」中，說是很古的園林，風景清幽，有一方極美的水池云云。心裡便覺得有幾分神祕。從城南鄉下進城，走到這一帶，望見西山如攢如簇的群峰，想到習池就在那裡藏著，那份神祕幾乎與仙境相等了。

後來讀方志和史籍，才稍知其淵源。原來它是東漢襄陽侯習郁的私家園林，位於峴山之南的幽谷中，有白馬泉水從山中流出，注入漢水。習郁引白馬泉水，依范蠡養魚法，修起一個大陂池，池中植菱荷之屬，水中築起釣台。池邊綠柳紅桃，長楸老槐，四季風景不歇。於是成為古代著名的風景勝地和中國最早的私家園林。

幾十年過去了，終於在一九九五年十一月十二日實現了造訪習家池的夙願。那天下午從余家湖碼頭歸城，在鳳林關下車，拐入國道西邊、鳳凰山北麓的平緩山谷。谷中有一條時寬時窄的溪水，猜想它是不是白馬泉。沿溪行走了一二里，有岔路通往北邊的小山谷。這條山谷背依峴山主峰，東靠白馬山，西邊也是一座矮矮的山嶺，顯得幽深寧靜。習家池就在山谷裡。我們進入小山谷，立刻感到濃郁的山林氣息包圍了人，背後的山嶺突然高大起來，滿山的樹木陰翳蔽日，涼氣森森，渾身的熱汗瞬間收斂了。

習家池也只是一個遺跡了，但我們看到了大陂池。大陂池保持著舊貌，沒有毀壞和改變。不過池畔

的濺珠池、半規池乾枯了，這兩口池子都呈半月形，青石為欄，聯袂相生，原為古泉出處，距陂池上游數丈之處，是陂池的源頭。據說上世紀大躍進時便乾涸了。立池畔環顧四周，但見群山環抱，滿坡松櫟雜樹直鋪展到大陂池邊，使人感到了無限的山野之趣。池畔有三兩棵半枯的古木，敗葉滿地，想來很有年歲了。陂池頗不小，略仿扇形。池中尚存舊台，台上尚存舊亭。亭為重檐二層六角形，攢尖頂，斗栱高聳，簷角參差。有各色木雕：麒麟、馬、鹿等瑞獸，鳳凰、喜鵲、百靈等吉祥之鳥，以及書卷、流雲、牡丹、菊、荷花，人物則有官紳、神仙、隱士、牧童……造型簡潔，神態栩然。我們從木梯登上二樓遠望了一番，忽覺夕陽在山，涼氣更重了，於是下得樓來，急急而去。

後來又來過兩三回。有一回遭遇大門緊閉，呼喚守門人不應，悵然而返，但那回路旁的山桃花開得正好，可以折枝贈人，多少是一點補償。

來過兩三回之後，便覺得說習家池是園林不如說它是山林，是山石泉林、雲霧霞嵐等自然諸相的聚合。習池的格局與建築全然不同於晚期的士大夫園林，那些園子失在一個「巧」字。而在習池，它與雄峻的山脊、莽蒼的深林、幽窈的山谷和遠眺的漢水，還有高邈的天空合而為一。人在習家池行走，會感覺到某種吸攝靈魂的力量；力量或氣息無形無相，漂浮

於周遭空中，散逸在山林岩壑的那一抹青色裡，無可捉摸。它是淡的，又是有力量的。不像進入壯麗的故宮，心會被震懾；不像進入盧浮宮，迷失了自我的存在。習家池的力量既是外在的，又是內在於自我的。在習家池行走的人，感覺到了靈魂之根的萌動、性靈的勃發以及一點點自在的歡欣，你與宇宙同在。

最先懂得習池佳處的是山簡。山簡是竹林七賢之一山濤之子，曾官至副宰相。永嘉三年，出為征南將軍，鎮襄陽。於時四方寇亂，天下分崩，王威不振，朝野危懼。山簡心中有無限的惆悵與苦悶，「優游卒歲，唯酒是耽」，常到習家池上，置酒輒醉。歸途中，他垂頭騎在馬上，帽子卻戴倒了。道邊兒童就拍手唱出一首兒歌：「山公出何許？往至高陽池。日夕倒載歸，酩酊無所知。時時能騎馬，倒著白接䍠……」這裡佳氣氤氳，寧靜清曠，是讀書和著述的好地方。著名史學家習鑿齒是習氏後裔，幼年時曾在這裡折節讀書，後來也在這裡接待過桑門高僧釋道安。從太守任上退居鄉里後，在這裡寫出名著《漢晉春秋》五十四卷和《襄陽耆舊記》這部中國早期方志。

最記得二〇〇三年五月三日的探訪。那次往谷底走得深些，某軍醫院已遷走，有農民在棄置的建築內養雞、種蘑菇。谷中多梧桐，高大茂盛，涼氣森森。兩邊山林木葉新發，滿目蒼翠。深入谷底一里餘，路漸漸消失，白馬山近了，顯得氣勢逼人；野雞嘎的一

聲，停了，又嘎的一聲，卻不知它在哪裡。這也是一個黃昏，白馬山後的夕陽照亮了山林；我忽然想起另一個遙遠的黃昏：

「落日欲沒峴山西，倒著接䍦花下迷。襄陽小兒齊拍手，攔街爭唱《白銅鞮》。旁人借問知何事，笑殺山公醉似泥。……」

這是李白的歌聲。李白在歌唱。李白站在黃昏裡，倚在習池中的山公樓上。而他的歌聲裡也有一個黃昏，那是山簡的黃昏，是晉代的黃昏；那個黃昏的景象與王朝分崩在即的頹勢有著內在的吻合。而李白放聲高歌的這個黃昏就是大唐的黃昏，黃昏與黃昏不同，大唐的黃昏是底氣十足、氣勢磅礴的。李白站在山公樓上，在美麗的夕照時分，敞開了青衫，高舉起酒杯，放聲高唱：

「——鸕鷀杓，鸚鵡杯，百年三萬六千日，一日須傾三百杯。遙看漢水鴨頭綠，恰似葡萄初醱醅。此江若變作春酒，壘曲便築糟丘台。千金駿馬換小妾，笑坐雕鞍歌落梅。……」

對於李白而言，習家池是一個天賜的契機，此地、此景，其人、其事（山簡），像酒一樣激活了這個「楚狂人」「謫仙人」的本性，他什麼也不顧了，他此刻就是天上的仙人：

「車旁側掛一壺酒，鳳笙龍管行相催。咸陽市中嘆黃犬，何如月下傾金罍。君不見，晉朝羊公一片石，

龜頭剝落生苺苔。淚亦不能為之墮，心亦不能為之哀。清風明月不用一錢買，玉山自倒非人推！舒州杓，力士鐺，李白與爾同死生。襄王雲雨今安在？江水東流猿夜聲！」

　　就是這一個黃昏裡，中國文學史上誕生了一首不朽的作品——《襄陽歌》如滿天綺霞、九霄仙樂，超塵脫俗，震撼人心。

　　計成在《園冶》中說：「郊野擇地，依乎平岡曲塢，疊隴喬林，水浚通源，橋橫跨水。去城不數里，而往來可以任意，若為快也。諒地勢之崎嶇，得基局之大小，圍知版築，構擬習池」——習家池已成郊野園林的典範。但我想，它的意義不僅僅在園林，更多的是因為它連著一些過去的非常遙遠的時代。那些時代早已遠逝，那些來過的人再也不會回來，但習家池保留了它的氣息。有了這種氣息，人們便可以於閉目之際，暫時回歸曾經的歷史氛圍，讓靈魂輕輕地飛昇，有一刻時間超脫這重濁的塵世……

原載《湖北日報》2014 年 8 月 8 日

後記

　　山之南，水之北，有山水之美，有人文之妙，楚楚動人，湖北是個好地方！立足湖北上好的旅遊資源，打造湖北豐富的旅遊產品，開拓湖北廣闊的旅遊市場，是湖北旅遊人的孜孜追求。二〇一四年初，省旅遊委原主任錢遠坤提出了編寫湖北旅遊叢書的想法，並啟動了這項工作。晏蒲柳接任後，繼續對此給予重視和支持。歷時四年，終磨一劍。四年來，我們集合了省旅遊委機關有文字功底、有業務能力、有奉獻精神的十五位新銳來擔當這項湖北旅遊史上最浩大的文化工程。參加編寫的同仁克服了很多困難，他們是處室業務骨幹，崗位職責繁重，又要承擔有難度有挑戰的編寫任務。他們為此經常加班加點，耗費了大量業餘時間，犧牲了許多節假日，且不取酬勞。或許他們沒有深邃曠達的思想，沒有妙筆生花的技能，但他們對本行業的領悟思考、對湖北旅遊事業的熾熱情感、對本叢書的奉獻態度，是讓人敬佩和感動的！

　　我們既立足自身，又依靠專家；既要出精神，又要出精品。劉友凡、熊召政、劉醒龍等赫赫之名，應邀為叢書作賦。熊召政主席還欣然出任叢書顧問，審閱書稿並作序。省旅遊局原副局長陸令壽也為此作賦以示支持。還有一批散文家、攝影家為叢書提供了精美的作品。名流、專家的介入，使本叢書洋溢著文學、藝術的氣息，使之可讀、可深讀。

在此，向為本叢書作出貢獻的專家學者表示深深的敬意和謝意！

本叢書還得到了各市州縣、林區旅遊委（局）的鼎力支持，在此一併致謝！

本叢書共四冊，分別是：《風光湖北》，涵蓋了湖北的名水、名山、名花，意在湖北的風光好看；《風雲湖北》，涵蓋了湖北的歷史名事、名人、名址，意在湖北的故事好聽；《風味湖北》，涵蓋了湖北的民俗、名食、名品，意在湖北的味道好吃；《風尚湖北》，涵蓋了湖北的名城、名村、名園，意在湖北的城鄉好玩！

在編寫過程中，我們參考了大量的資料，借鑑了有用的成果，但難以一一標明出處，望能包容！叢書內容囊括各地，但有詳有略，不一定得當，望勿計較！我們在書中試探性地給每個市州的旅遊形象提出了一句話，若有不妥，也望海涵！權且當作一種探索。

書成之日，便是遺憾之時。編者才疏學淺，書中謬誤難免，盼望且讀且諒且指正！

編　者

2018 年 4 月 9 日於武昌中北路湖北旅遊大廈

昌明文庫·悅讀中國 A0607017

風雲湖北

主　　編	李開壽、唐昌華	
版權策畫	李煥芹	
發 行 人	陳滿銘	
總 經 理	梁錦興	
總 編 輯	陳滿銘	
副總編輯	張晏瑞	
編 輯 所	萬卷樓圖書股份有限公司	
排　　版	菩薩蠻數位文化有限公司	
印　　刷	百通科技股份有限公司	
封面設計	菩薩蠻數位文化有限公司	
出　　版	昌明文化有限公司	

桃園市龜山區中原街 32 號

電話 (02)23216565

發　　行　萬卷樓圖書股份有限公司

臺北市羅斯福路二段 41 號 6 樓之 3

電話 (02)23216565

傳真 (02)23218698

電郵 SERVICE@WANJUAN.COM.TW

大陸經銷　廈門外圖臺灣書店有限公司

電郵 JKB188@188.COM

ISBN 978-986-496-513-7

2019 年 3 月初版

定價：新臺幣 460 元

如何購買本書：

1. 轉帳購書，請透過以下帳戶

　合作金庫銀行 古亭分行

　戶名：萬卷樓圖書股份有限公司

　帳號：0877717092596

2. 網路購書，請透過萬卷樓網站

　網址 WWW.WANJUAN.COM.TW

大量購書，請直接聯繫我們，將有專人為您

服務。客服：(02)23216565 分機 610

如有缺頁、破損或裝訂錯誤，請寄回更換

版權所有·翻印必究

Copyright©2019 by WanJuanLou Books CO., Ltd.

All Right Reserved　　　　**Printed in Taiwan**

國家圖書館出版品預行編目資料

風雲湖北 / 李開壽, 唐昌華主編.-- 初版.--

桃園市：昌明文化出版；臺北市：萬卷樓

發行, 2019.03

　冊；　　公分

ISBN 978-986-496-513-7(平裝)

1.旅遊　2.湖北省

672.56　　　　　　　　　108003234